阅读成就思想……

Read to Achieve

教育有方系列

孩子的一生早注定

跟奶舅学幼儿习惯养成

奶舅吴斌——著

中国人民大学出版社
· 北京 ·

图书在版编目（CIP）数据

孩子的一生早注定 ：跟奶舅学幼儿习惯养成 / 奶舅吴斌著. -- 北京 ：中国人民大学出版社，2021.6
ISBN 978-7-300-29274-8

Ⅰ. ①孩… Ⅱ. ①奶… Ⅲ. ①习惯性—能力培养—学前教育 Ⅳ. ①G613.3

中国版本图书馆CIP数据核字(2021)第066808号

孩子的一生早注定：跟奶舅学幼儿习惯养成

奶舅吴斌　著

Haizi de Yi Sheng Zaozhuding : Gen Naijiu Xue You'er Xiguan Yangcheng

出版发行	中国人民大学出版社		
社　　址	北京中关村大街31号	邮政编码	100080
电　　话	010-62511242（总编室）		010-62511770（质管部）
	010-82501766（邮购部）		010-62514148（门市部）
	010-62515195（发行公司）		010-62515275（盗版举报）
网　　址	http：//www.crup.com.cn		
经　　销	新华书店		
印　　刷	天津中印联印务有限公司		
规　　格	148mm×210mm　32开本	版　次	2021年6月第1版
印　　张	7.25　插页1	印　次	2021年6月第2次印刷
字　　数	171 000	定　价	59.00元

推荐序一

杨焕明

基因组学家、中国科学院院士

借《孩子的一生早注定：跟奶舅学幼儿习惯养成》一书出版的机会，让我们一起向作者吴斌先生、他的朋友和同事，以及很快就要读到这本书的读者，致以诚挚的祝贺！

首先，祝贺这本书的读者。我们可以看到这本书的问世是不容易的。能有这样的一本专为你们写的书，既有科学价值，又有生活指导意义，还不失温度和爱心，这是很不容易的。

这本书从行为决策的视角，系统地解读了后天环境如何影响着每个人的生命初期。不仅描述和总结了幼儿行为习惯养成背后的逻辑、幼儿行为发展规律，还呈现了现实养育场景中的问题和现象，并提出了现实可行的指导方法和建议。我相信，在读者看完这本书以后，都能体会到这本书对于幼儿行为习惯养成的重要性，也一定会向你身边的朋友，尤其是年轻的妈妈推荐这本书。

其次，作为志同道合的朋友，我也要祝贺吴斌先生。我们都明白科学普及的重要性。正如他在第十五届国际基因组学大会（ICG-15）上所说，如今科普“过头”，数量与日俱增，但质量参差不齐，这也让年轻的妈妈更加焦虑。而这是我们大家都担心的。

我以前也说过，科学只是科研人员培育的“种子”，而大众（尤其是图书的读者）就是“土地”，一颗种子只有掉落到土地上让大家都接受，让大家都能体会到作者的苦心和用心，感觉到读完书的喜悦并体会到价值，科普才有意义。作者的工作不但是对成人知识的更新，也是对现今早期教育的补足，更是赋予了科普新的意义。

我们都非常高兴在中国科普领域里又多了一位年轻有为的作家。我们更高兴地看到，这本书体现出了他对世界和未来的爱心。因此，他代表了我们的心愿，也很好地表达了我们的心愿。

最后，我还要向作者吴斌先生再次致以诚挚的祝贺。向作者的祝贺，是基于我自己的深切体会，“好书数年出，一读双泪流”。很高兴看到他开辟了一个重要又崭新的领域，这个领域之前并没有引起其他研究者足够的重视，而他特别注意到了，并全身心地投入这个领域的学术钻研和知识普及中。他选择科普是不容易的，选择拥有这样的读者群更是不容易的。

乍一看“奶舅”这个词难以表达他工作的贡献和价值，但转念一想，这也未尝不可。从科普角度来看，“奶舅”牺牲自己的时间和精力，来让别人的孩子、祖国的孩子、未来的孩子成长得更好。这样来看，“奶舅”这个笔名和形象深入人心也是情理之中。

我们都知道一本书的出版是很不容易的。我们不只是体会作者的苦心，更要体会他对世间的爱，特别是对未来、对孩子的爱。这是我看到的一本确确实实的既有科学价值，又对日常生活具有指导意义，尤其是能满足年轻父母们“望子成龙、望女成凤”心理的好书。

推荐序二

刘焕彬

华南理工大学原校长、教育家、俄罗斯工程院外籍院士

《孩子的一生早注定：跟奶舅学幼儿习惯养成》是一本值得推荐阅读的著作。

本书作者吴斌在其团队经过近10年的行为决策理论研究和对大量幼儿行为真实案例持续追踪研究的基础上，总结并提出了人在幼儿阶段的能力发展和习惯养成背后的逻辑和方法，分析和拆解了幼儿阶段培养教育所遇到的问题和困扰，能帮助我们更好、更科学地了解和理解孩子们的世界。

这本研究幼儿认知规律的书，不论是从学术角度还是从科普角度，都有着独特的价值。因此，在作者邀请我为它写序时，我欣然答应了。

我推荐此书，是因为它有如下三个独到之处。

第一，作者系统地阐释了幼儿认知和行为发展的三个层次和阶段——感知世界、理解成长和适应未知，分享了他对于遗传和环境对幼儿行为发展影响的独到见解，其科学价值值得我们关注。

第二，作者在四年前就开始把部分最新研究成果以《幼儿发展报告》的形式对外公布，除了学术和理论部分的论述外，还包括大量可

以直接指导幼儿家长实践的内容，阅读量超过 1500 万人次。

本书的不少内容（如幼儿培养教育过程有必要给孩子设置玩具区域，但玩具并不是越多越好，要避免玩具区内的物品超过孩子实际需求而导致语言和认知能力发展受限，要根据幼儿发展规律调整玩具数量、种类和互动方式等），在成书之前已经在各种媒介平台上获得了几十万人的阅读和反馈，指导了广大幼儿家长的养育实践。

因此，本书是将学术和科普相结合的典型范例。我们应该鼓励和支持专家学者们多做科普工作，以满足信息时代公众日益增长且不断变化的对科普服务的需求。

第三，本书作者及其团队是一批年轻人，他们十年深耕，从理论联系实际出发，为幼儿培育提供了不少新的理论认识和实践方法。这本书所传递的对人的认知规律研究的科学严谨态度和对科学研究的执着精神值得学习和鼓励。

作为中国高等教育改革和发展的见证者与参与者，我为我国教育事业取得的举世瞩目成就感到自豪和自信，但我也看到了我国教育领域还存在着不少不适应人的智力和能力培养规律的问题，任重而道远。

人的教育过程是复杂且环环紧扣的系统工程。良好的、正确的幼儿和小学教育可以让我们的下一代发展有更多可能性，也能为更好地接受中等和高等教育打下坚实的基础。

在新时代，我们特别需要加强对不同年龄段的认知规律的研究。根据认知规律的不同去设置不同的幼儿园、小学、中学和大学阶段的教育教学内容和方法，才能更好地激发、培养和提高每个健康人都具有的创新潜能，从而培养出更多具有创新能力的人才。

相信这本书的出版将会引起社会对幼儿教育的更多思考。希望能有更多像作者及其团队的研究专家认真研究有我国特色的、不同阶段人的认知规律，获得更多的成果，以促进我国教育的改革和高质量发展。

是为序。

前言

基于近 10 年的行为决策理论研究和对大量幼儿行为的追踪研究，我们把幼儿行为发展划分为三个层级：感知世界、理解成长、适应未知。

面对复杂且未知的客观世界，幼儿最开始仅依靠生理器官观察、感受客观世界；随后通过一次次行为尝试并获得反馈后，幼儿能够理解自身能力和成长情况；在多种类型的场景中，积累足够多的经验和技巧后，幼儿才逐渐具备适应未知的综合能力。

本书分为三个部分，分别是常见的幼儿养育误区、幼儿行为习惯形成的理论基础、幼儿习惯和能力培养。

第一部分是我们在幼儿行为追踪研究过程中，发现和总结的常见养育误区及问题，如我国特色的伪礼貌现象、玩具区过载以及三分之一幼儿出现的低欲望、低自尊现象等。通过梳理、分析，帮助养育者走出误区，并能更为深刻地了解幼儿阶段的行为发展规律、家庭环境合理设置、科学养育方式等。

第二部分主要介绍了过去 10 年，我们在行为决策领域学术研究的阶段性成果。我们开辟了一个全新的研究领域——幼儿行为发展追踪研究，即通过对幼儿行为观察和追踪，发现幼儿行为规律和特点，探索更多亲子互动过程中科学有效的引导方式和教育方法，指导养育者更全面、准确地理解幼儿的早期成长和行为发展。

第三部分更为实用，值得每位养育者精读，并将收获的知识运用到养育实践中，从而减少亲子间的冲突，帮助幼儿更好地发展。幼儿阶段的能力和意识培养是一项系统工程，培养良好的基础能力，可以为后续培养综合能力打下坚实基础。而对幼儿每种能力的培养，都与现实养育环境和养育方式密切相关。在能力培养过程中，养育者需要及时发现问题所在，并紧跟幼儿的快速发展及时调整策略，帮助幼儿更好、更全面地感知世界、理解成长和适应未知。

幼儿阶段，是人类毕生发展过程中变化最快、发展最快的阶段，值得全社会广泛关注。本书的出版，填补了国内幼儿行为追踪研究领域的空白。本书既可以作为心理学和教育学（幼儿领域）的入门读物；又可以帮助幼儿家长、相关领域研究者及从业者，更全面、深入地了解幼儿阶段的行为发展规律和特点；还可以帮助对幼儿行为感兴趣的读者掌握与幼儿互动的基本原则和方法。

目录

01
第一部分
001

常见的幼儿养育误区

第 1 章 | 养育大环境常见误区 / 003

国人的伪礼貌现象：强迫幼儿打招呼、问好 / 003

滥用电子产品：两岁幼儿手机、iPad 不离手 / 005

误解和漠视哭闹：幼儿哭闹，应不予理睬还是立刻满足 / 007

滥用甜食：用糖果、冰激凌哄幼儿 / 009

滥用注意力转移法："快看那是什么？" / 010

"天生学霸论"：夸大遗传，忽视环境 / 012

第 2 章 | 不可忽视的养育现象 / 014

低欲望、低自尊现象：兴趣匮乏，害怕失败 / 014

玩具区刺激过载：拼命给幼儿买玩具 / 016

两年极限现象：单一养育者 / 018

幼儿社交障碍现象：躲身后、抱大腿 / 020

两分钟呆滞现象：低效率输入 / 022

纸尿裤障碍：抗拒自主排尿 / 024

养育滞后现象：养育策略调整慢 / 026

幼儿发展天花板现象：长期停滞不前 / 028

第 3 章 | 养育者的错误养育习惯 / 031

事倍功半的叠音词："吃饭饭""喝水水" / 031

打骂不该成为养育者的发泄方式 / 033

盲目做百科全书式的养育者 / 035

你觉得冷并不等于幼儿也冷 / 038

奖励会让幼儿变得功利吗 / 040

02 第二部分 043

幼儿行为习惯形成的理论基础

第 4 章 | 幼儿行为发展追踪研究 / 045

人类的行为选择过程 / 045

幼儿行为发展追踪研究之缘起 / 049

追踪研究视角下幼儿行为习惯形成的过程 / 051

养育环境影响幼儿行为习惯形成 / 056

幼儿发展需与家庭实际结合 / 060

幼儿兴趣培养与习惯形成 / 061

幼儿早期发展需建立良好的奖励机制 / 063

建立健康有效的奖励机制，帮助幼儿养成好习惯 / 067

奖励物品的选择 / 069

03 第三部分 073

幼儿习惯和能力培养

第 5 章 | 幼儿日常生活习惯培养 / 075

作息习惯培养 / 075

吃饭习惯培养 / 082

自主排便习惯培养 / 087

卫生习惯培养 / 093

刷牙习惯培养 / 098

安全意识与出行安全习惯培养 / 104
电子产品使用习惯培养 / 108
早期隐私意识培养 / 114

第 6 章 | 养育环境、养育方式与习惯培养 / 118
玩具区的合理设置 / 118
阅读区的设置与亲子阅读习惯的培养 / 122
更换养育环境对行为习惯的影响 / 127
避免养育单一与幼儿发展 / 132
家庭养育模式对行为习惯的影响 / 136
家庭权威的建立 / 141

第 7 章 | 幼儿基础能力的发展与培养 / 147
大运动的发展与培养 / 147
精细动作的发展与培养 / 151
语言能力的发展与培养 / 157
社交与沟通能力的发展与培养 / 161
情绪合理表达能力的发展与培养 / 166

第 8 章 | 幼儿认知能力的发展与培养 / 173
自主意识爆发与规则意识的培养 / 173
专注力发展的特点与培养 / 179
竞争意识发展的特点与培养 / 185
理解早期撒谎与诚信意识的培养 / 190
情感需求发展的特点和引导方式 / 195

第 9 章 | 幼儿适应未知能力的发展与培养 / 200

时间意识和时间规划能力的培养 / 200

风险意识和风险评估能力的培养 / 205

粉丝寄语 / 211

后记 / 217

第一部分

常见的幼儿养育误区

第1章

养育大环境常见误区

我们在对幼儿及其家庭持续追踪过程中发现，在现实养育大环境中存在很多常见的养育误区。这些养育误区不但会制约幼儿发展，还会增加亲子间的矛盾冲突。本章就是围绕这些常见误区来展开的。

国人的伪礼貌现象：强迫幼儿打招呼、问好

日常生活中，我们常会看到养育者在社交时会强迫自己的孩子和陌生人打招呼，因为这样会显得比较有礼貌。然而，幼儿往往可能会因为害怕陌生人或是感到害羞而没有及时做出反应，这让养育者觉得很没有面子。

幼儿有时会在离开了陌生人后才做出打招呼和问好的行为，但养育者此时不但没有积极肯定和鼓励他们，反而会觉得刚才明明给了你机会却不表现，现在说这些还有什么用呢？

作为礼仪之邦，国人对于礼貌和礼节的追求似乎达到了某种极致的状态，如果一两岁的幼儿没能表现出应有的“礼貌”行为，就会令养育者感到羞愧和不安。由此我们不难发现，在有幼儿参与的社交场

景中，养育者理解的“礼貌”更多的是出于自身社交目的，而不是为了满足幼儿的社交需求。

更何况，不足三岁的幼儿，对礼貌行为和语言表达尚处在学习和萌芽的状态，并不明白“什么是有礼貌的”“什么是没礼貌的”。这种成年人之间的礼貌和客套，对于幼儿来说是伪礼貌，不是真正意义上的礼貌。

如何走出误区

步骤 1：在进入社交场景前，养育者提前帮幼儿建立起社交的意识

比如，养育者带幼儿外出玩耍时，到了小区门口可能会遇到保安。如果希望幼儿可以和保安打招呼，那么不能在见面后才提醒或要求幼儿打招呼；相反，养育者需要在能看到保安的地方就蹲下来告诉幼儿：“你看，我们现在要出去，稍后会碰到保安叔叔，他每天都在为我们的安全而辛苦地工作，你要跟他打个招呼哦！”这个过程就是培养幼儿打招呼和社交礼仪的意识。

步骤 2：在具体的社交场景里，养育者主动给幼儿示范

和幼儿走到门口碰到保安后，养育者需要先主动向保安说“早上好”来为幼儿做示范。在养育者与保安完成了成年人间的社交和客气后，就要亲切地注视幼儿，鼓励幼儿去模仿和主动表达。需要提醒的是，如果幼儿高兴就会很愿意主动地说“叔叔好”，但往往是不愿意的，甚至还会出现因保安太过主动而被吓哭的情况。

步骤 3：等待 10 秒原则

由于幼儿语言组织和表达能力尚不足，因此每次带幼儿出去和别人社交时，养育者都要给幼儿预留 10 秒钟让其去思考和准备。这个等待的过程也是给予幼儿行为反馈。

在给幼儿演示完如何打招呼之后，养育者可以尝试蹲下来对其说："你要对叔叔说'叔叔早上好'。"随后，可以再想办法引导幼儿愿意表达，并教他该如何组织语言。

其实，这 10 秒钟很容易引起尴尬。双方或许只是点头之交、客套而已，但停留的 10 秒钟可能会引起尴尬。因此，养育者可能会因为好面子或别的考虑而不太愿意这么做。然而，这 10 秒钟对于幼儿理解礼貌和早期语言的发展尤为重要。

奶舅温馨提示

需要对这种伪礼貌现象引起注意。我们并不需要强迫幼儿必须要"有礼貌"。

成年人更需要做的是，主动放下面子、俯下身子，去教幼儿如何表达，以及让他们理解礼貌到底是什么。礼貌与家庭修养需要养育者言传身教，通过一次次示范展现出来。

滥用电子产品：两岁幼儿手机、iPad 不离手

大人带小孩在餐厅吃饭时，常常会塞给小孩一个手机或 iPad，让他们看动画片或玩游戏。这是我们在追踪观察幼儿及其家庭过程中发现的一个特别大的误区——电子产品的滥用。

电子产品的呈现形式丰富多样，是快速学习的渠道，也能让幼儿快速集中注意力，变得"乖巧"，确实也能帮助养育者节省大量照看幼儿的时间和精力。然而，电子产品会产生很强烈的声光电刺激，这对于幼儿早期语言发展、注意力发展、兴趣培养、奖励机制的建立，都会带来不良后果。

当幼儿只对着电子屏幕的时候，各种生理刺激只有输入，却没有

很多输出的场景和机会。这很容易造成幼儿在听到一些内容后，能够理解语言背后的含义，却很难表达出来，进而形成语言障碍，影响其自信心和自尊心的发展。

我们不仅在北京、上海、深圳等大城市的追踪观察过程中发现了这种电子产品滥用的现象，还在宁夏、内蒙古等地的农村地区也追踪到，越来越多的幼儿和养育者都沉迷于短视频。而在这些三岁以前就过度使用手机的幼儿案例中，都出现了语言发展迟滞的情况，这些幼儿在两岁左右只会说简单的叠音词。

不得不强调的是，过早使用电子产品可能会对婴幼儿的感官发育（如视觉、听觉）造成不可逆的损伤。电子产品给幼儿带来的感官刺激过于强烈，让他们对新奖励的刺激阈值大大提升，也会对他们的注意力发展造成巨大阻力，甚至会破坏他们大脑的奖赏系统。

如何走出误区

幼儿认知能力的发展最需要的并不是来自电视、手机等电子产品带来的高强度单方面输入，而是持续的高质量的亲子互动。

奶舅建议，除了和家人远程视频聊天外，尽可能不让未满两岁的幼儿使用电子产品。养育者需要多跟幼儿做有眼神交流的互动游戏，增加幼儿对语言表达的需求，鼓励幼儿使用语言表达想法。幼儿到了两岁后，在他们使用电子产品时，养育者需要在一旁扮演解说和旁白的角色，避免出现两分钟呆滞现象（详见第 2 章），帮助幼儿更好、更快地理解电视或手机里的场景和知识。

由于电子产品的使用已融入人们生活的方方面面，因此一味限制幼儿使用并非长久之计。养育者可以在幼儿到了两岁后，把使用电子产品作为给他们的阶段性奖励物品之一。如果幼儿的语言发展速度稍慢，那么不仅可以在幼儿有语言表达时给予热烈的回应，还可以奖励幼儿和养育者一起看一集动画片。

到了三岁后，养育者需要教会幼儿区分电子产品的日常学习和消遣娱乐，给他们更多自主参与规则制定的机会，锻炼幼儿的自主决策和自主学习能力。养育者可以要求幼儿在使用电子产品时，注意自己的坐姿、与屏幕的距离、使用时长。还可以教会幼儿如何选择适合自己观看的动画片，如何使用手机的语音检索和电子产品进行人机互动。

奶舅温馨提示

任何能给人们带来极大便利的产品也必将产生新的困扰和问题，如果不能合理使用电子产品，就会给幼儿行为习惯的培养造成巨大阻力。

如何正确使用电子产品是养育者必须面对的课题。我们的研究工作也可以帮助养育者少走很多不必要的弯路。

误解和漠视哭闹：幼儿哭闹，应不予理睬还是立刻满足

哭闹，其实是婴幼儿主要的表达想法和需求的方式。然而，幼儿的哭闹声在养育者听来却会感到特别痛苦。

根据我们的追踪发现，养育者在面对幼儿哭闹时最常出现以下两种错误的应对方式。

- ★ 不予理睬，等幼儿哭累了自己停下来。这属于典型的对哭闹的漠视，容易造成幼儿习得性无助。
- ★ 幼儿稍有哭闹就立刻拿起各种好吃、好玩的东西，满足他们。这属于对幼儿哭闹的误解，容易过度满足幼儿。

如何走出误区

由于哭闹是婴幼儿最主要的表达方式，因此它就像是把各种表达方式拧成了一股绳子。要想帮助幼儿将哭闹这股绳子逐渐拧开，养育者可以按照以下步骤去做。

步骤 1：尝试主动适应哭闹声

如果能意识到哭闹是婴幼儿主要的表达方式，就需要养育者主动适应幼儿的哭闹声。只有这样，很多幼儿的问题才更有可能被发现，亲子间的矛盾和冲突才有可能减少。

步骤 2：尝试发现哭闹的规律

一岁前，养育者可以有意识地总结和归纳婴儿日常哭闹的次数，以及声音的细微差别，逐渐就能从他们的哭声中识别其关于饿了、困了、尿了等基本生理需求的表达方式。

如果能在大量亲子互动过程中熟悉并发现幼儿表达的规律和特点，那么亲子关系肯定会更融洽。

步骤 3：教会幼儿更多表达的技巧和方式

等幼儿到了一岁之后，会具有自主探索的能力。此时，养育者可以教幼儿用肢体语言表达想法和需求。比如，想要什么可以用手指来表达，当遇到同样的情况时，如果使用哭闹的方式则不会得到积极的回应和帮助。

到了一岁半之后，大部分幼儿都可以使用简单的语言，此时养育者就要教他们用说的方式来表达想法。

奶舅温馨提示

哭闹是婴幼儿最早掌握的表达方式，养育者需要努力适应和克服对婴幼儿哭闹声的焦虑和烦躁情绪，帮助婴幼儿学会更多表达想法和需求的方式、技巧，而不是无视或过度解读幼儿的哭闹声。

这个过程是对言传和身教最好的诠释。

滥用甜食：用糖果、冰激凌哄幼儿

为了让幼儿停止哭闹或变得听话乖巧，养育者常常会给幼儿糖果，或以吃冰激凌作为交换条件。我们经过观察发现，这种现象集中出现在三岁之前的幼儿身上。其实，这属于对甜食的滥用。

如果过早、过度使用了纯甜食，幼儿会对得到奖励的预期值变得越来越高，之后再用同样程度的甜食，也很难达到之前的奖励效果。

由此也会造成亲子冲突加剧，养育者不得不妥协让步拿出更大的奖励物品作为交换条件。如此恶性循环，不但影响了幼儿的早期能力发展，还造成亲子冲突得不到有效解决，越积越多。

如何走出误区

步骤1：避免频繁使用甜食

我们在追踪过程中发现，养育者会在无意中给幼儿提供大量隐形甜食，如饼干和汽水等。奶舅建议，三岁之前最好不要天天给幼儿吃糖或是含糖量高的零食。这样可以有效避免让幼儿养成不愿意吃饭或挑食的不良习惯。

步骤2：把食物根据甜度进行区分

养育者可以试着把家里给幼儿吃的东西分为纯甜食类食品（如甜

食类零食、甜品）、有甜味的营养物、饭菜。养育者先把甜食类的零食收起来，不要摆放在显眼的地方，选择有甜味的营养物（如香蕉、苹果等）作为给幼儿良好行为的日常奖励。这样就能够把营养物变成一种奖励，而不是用甜食来诱惑他们。

不过，最好不要将这些奖励在饭前给幼儿，以免幼儿挑食或不愿意主动吃饭。

步骤 3：和幼儿一起制定动态变化的奖励办法

养育者可以把纯甜食类食品作为阶段性的奖励或惊喜给予幼儿，并和幼儿设置好双方都认可的奖励规则，鼓励幼儿养成好习惯。当幼儿做出积极的反馈时，养育者可以偶尔跟幼儿一起分享零食和甜品，帮幼儿建立起良好有效的奖励机制，调动幼儿的积极性。

奶舅温馨提示

对幼儿来讲，不管是大脑奖赏系统的建立还是口腔的健康和发育，大量食用甜食都不是一件好事。

比起要求幼儿乖巧和听话，更值得养育者去做的是，通过合适、合理的日常奖励和鼓励，帮幼儿建立起良好有效的奖励机制，树立自信心，从而逐渐帮助幼儿实现自我奖励，唤醒持续的内驱力。

滥用注意力转移法：“快看那是什么？”

在陪伴婴幼儿成长的过程中，最常遇到的问题场景当属幼儿哭闹，养育者此时常常会用一招必杀技——转移注意力大法。

比如，幼儿不舒服或者因想要某样东西而大哭起来，养育者只需要故作惊讶地说“快看那是什么”，或是“哇，这个东西好好玩呀”，幼儿似乎就忘记了之前的事，转而关注新的事物，哭闹的问题也被化解大半。

不过，随着幼儿认知能力和记忆力的快速发展，转移注意力大法也会越来越不起作用，甚至会严重影响亲子间信任和正常沟通渠道的建立。

转移注意力大法虽在短时间内有奇效，却只会暂时掩盖所遇到的问题，这个过程类似于把地面上的垃圾扫到沙发底下。从长远来看，这会对幼儿的心理发展造成严重阻碍。

如何走出误区

步骤1：幼儿哭闹时应主动抱离现场

幼儿常会在公共场合哭闹，养育者会因为担心影响他人或觉得很没面子而急于让幼儿停止哭泣，频繁使用转移注意力大法。更好的做法是，先主动把幼儿抱离现场，选择安静、干扰少的地方，再给他们做引导和教育。

步骤2：帮幼儿建立家庭规则意识

养育者可以在日常亲子互动中让幼儿知道，要想获得某样东西可以借助哪些合适的渠道和方式来得到养育者的支持，而不是靠哭闹来达到目的。养育者帮幼儿建立家庭规则意识，给幼儿构建表达想法和诉求的沟通渠道，制定良好有效的日常奖励机制，是亲子间特别重要的互动环节。

步骤3：把转移注意力作为没有办法的办法

面对复杂的互动场景，如果试过了很多办法都不奏效，那再试试转移注意力大法。毕竟，总有养育者一时间解决不了的问题和场景，没有办法的办法才是危难时刻最需要尝试的。

奶舅温馨提示

虽然转移注意力大法很好用，但它并不是一个好的方法，它对幼儿的注意力发展、亲子间沟通渠道和信任的建立都会造成严重的负面影响。

更多的时候，需要养育者主动俯下身子，多了解幼儿的现实需求到底是什么，接受幼儿和自己的情绪变化，多沟通交流，慢慢就会越来越了解幼儿真实的想法和诉求，根本不需要再使用转移注意力大法。

“天生学霸论”：夸大遗传，忽视环境

心理学领域一直有一个备受争议的话题：智力水平到底是先天遗传决定的，还是后天环境决定？

我在中科院心理所经历了几年的系统学习研究，又用几年亲身实践观察后，对环境和遗传的理解更加深刻。我认为，不存在天生聪明的幼儿。即便“基因”特别厉害，如果没有科学合理的后天成长环境，天才也必然会被荒废。对于大多数的幼儿来说，他们并不存在先天缺陷，需要注意的是科学合理的后天成长环境和及时耐心的培养。

如何走出误区

如果我们想要走出这个误区，有哪些值得尝试的途径呢？

一个人外在的很多东西（如长相）可能更容易受到遗传的影响，但很多心理层面的东西（尤其是抽象思维、逻辑思维等能力），一定是建立在两大基础之上的——一是足够丰富的环境刺激，二是被专业的人及时指导，这样才更有可能培养出不错的能力。

比如，如果希望幼儿的语言能力很强，那么在 1~2 岁语言发展的关键时期其实并无捷径，养育者最需要做的是有眼神交流地陪着幼儿说话，鼓励并主动帮助幼儿制造语言表达的需求。当幼儿有足够多的表达机会，语言能力必然能得到极大的锻炼，会越说越好。

在这个过程中，如果能有专业的人给予及时的指导，用更简单的方式解读语言规则，帮助幼儿更直接地理解语言规则，那么既能节省精力体力，还可以让幼儿获得更好的语言发展。

一个人能力的体现往往可以被视作对抽象规则的掌握和理解。不管是在哪个领域，都有一些特别厉害的人。他们会对抽象的规则有更深刻的理解和更独到的见解，并能发现和掌握一些好的方法，从而拥有出众的才华和能力。如果可以用一些简单的方式来指导幼儿，让幼儿在学习过程中少走不必要的弯路，就一定能在相应领域表现出更大的潜力。

奶舅温馨提示

奶舅认为，并不存在天生就聪明的幼儿。在养育过程中，养育者一定要多用心地培养幼儿，要根据幼儿早期发展的科学规律和特点进行有针对性的培养，多花心思和时间给幼儿提供好的成长环境，多带幼儿接触一些在各自领域很杰出的人，将有利于其成长。

第2章

不可忽视的养育现象

过去四年，我们在对幼儿案例追踪过程中发现了玩具区过载、两分钟呆滞、养育滞后和纸尿裤障碍等养育现象。这些养育现象极易被养育者、早教机构忽视，进而影响幼儿的语言、社交沟通、自主排便等能力的发展。这些养育现象或许在你的家也存在，它们会严重制约幼儿的早期发展，必须引起重视。

低欲望、低自尊现象：兴趣匮乏，害怕失败

由于物质生活丰富，起鼓励和奖励作用的物品普遍失去了效果，使得越来越多的新生代幼儿很难顺利建立起良好有效的奖励机制。同时，因奖励机制无法建立，养育者为达到“管教”效果，不得不采用大量惩罚措施，导致幼儿出现了持续的低欲望、低自尊（即人们常说的“玻璃心”）现象。

比如，我们在追踪过程中发现，一个三岁左右的幼儿在完成了拼图和搭积木的任务后，又给他布置了一项难度稍稍调高了一点的任务，幼儿却把拼图和积木丢在一边，大哭起来。此时，养育者并没有

给幼儿及时的鼓励，而是批评和指责。在养育者看来，并不是任务过难，而是幼儿因没有耐心、乱发脾气而要受到严厉惩罚。

追踪观察

在我们观察和追踪的近两百个幼儿案例里，有将近三分之一的幼儿出现了这种情况，需要教育部门、教育机构和养育者特别注意。

出现低欲望、低自尊现象的幼儿，很容易在亲子互动、同龄人社交和游戏时出现各种问题，进而在沟通交流能力、情绪和情感表达能力方面表现得更差，对陌生环境和陌生人的适应能力越来越差。

低欲望、低自尊的幼儿，在竞争和协作类的游戏和任务中，很容易出现以下两种极端情况：

★ 刻意逃避竞争，避免失败；

★ 无法接受失败，必须要赢，否则就会处在长时间哭闹和受挫状态中。

相关机构和养育者需要特别注意的是，不管是逃避竞争还是拒绝失败，都会在一定程度上阻碍幼儿的发展。如果长期持续下去，幼儿就容易出现各种心理问题。

如何应对

我们发现，出现这种现象和早期奖励机制失效有很大关系。与父辈早期成长需要大量竞争才能获得奖励物品的生存状态形成鲜明对比的是，当前这代幼儿的成长环境物质极度丰富，接受和被满足成为生活常态，竞争和奖励在不少幼儿家庭里不被重视。

由于竞争和奖励不被重视或失去作用，因此幼儿无法建立起良好有效的奖励机制。这就使得养育者在培养能力和引导行为时，惩罚措施常常被迫变成了惯用手段。

这样一来，越来越多的幼儿本应在被鼓励和奖励的情景里，却被养育者持续高压和强迫对待，出现广泛无兴趣和易放弃的早期成长状态。

我们经过观察和追踪发现，两岁半至三岁半是幼儿竞争意识爆发的阶段。养育者需要帮助幼儿在两岁半之前建立良好有效的日常奖励机制。在一岁半至两岁半的幼儿自主意识爆发后，合理的奖励可以调动其积极性。在竞争意识出现时，能更好地引导幼儿正确理解和看待竞争；在面对困难时，才能更好地鼓励和激励幼儿克服困难并获得成长和进步。

奶舅温馨提示

对婴幼儿来说，合适的奖励和鼓励是引导幼儿行为的主要方式，只有帮助幼儿建立起良好有效的奖励机制，惩罚才可能获得良好的效果。

如果连奖励机制都没有，养育者只想一味地迎合幼儿或是通过惩罚来约束幼儿，那么就非常容易造成幼儿低欲望、低自尊。

玩具区刺激过载：拼命给幼儿买玩具

玩具区刺激过载现象，是指幼儿玩具区内的玩具、绘本和生活用品带来的生理刺激，远远超过幼儿的实际需求，影响和制约着幼儿的早期能力，尤其是专注力和语言能力的发展。

由于一岁前的幼儿需要持续的外界环境刺激以满足其生理感官的发育和成熟，因此养育者需要持续地增加玩具区内的物品。一至两岁是语言能力发展的关键时期，需要减少不必要的外界刺激，增加养育者和幼儿之间有眼神交流的亲子互动。玩具区的物品需要在一至两岁这个阶段持续地减少，最后趋于平缓（见图 2–1）。

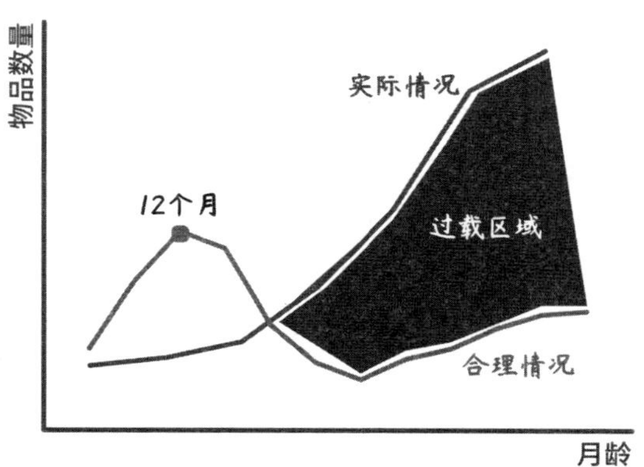

图 2–1　幼儿玩具区过载现象

追踪观察

我们在追踪和观察的过程中发现，实际生活中并不是这样的，养育者往往是将越来越多的玩具和绘本堆在玩具区内并持续增加，这就会在幼儿到了一岁之后造成玩具区过载。

玩具区内的物品过多，给幼儿带来的感官刺激超过其实际需求，会造成以下两种不太好的情况。

- ★ 幼儿需要培养专注和耐心时，由于玩具区内的物品过多，会分散幼儿的注意力，使幼儿很难进入一种专注做任务的状态，这会对培养其自信心、耐心和专注造成很大的影响。
- ★ 玩具区内的物品过多，会大大减少养育者的亲子陪伴时长和互动机会。

幼儿在玩具区内玩耍时，养育者会误以为幼儿发展得很好，减少了必要的亲子互动和陪伴。这很容易造成幼儿在一至两岁语言发展的关键时期语言表达需求大大减少，导致其语言发展迟缓。

如何应对

根据幼儿年龄段的不同，我们为养育者提出以下建议。

★ 一岁前：给幼儿增加有关颜色、形状和声音类的互动玩具和绘本。

★ 一至两岁：将玩具区内不需要的物品以及幼儿平时不玩的物品收走，从而为幼儿提供一个更宽敞的亲子互动的场所。同时，养育者需要与幼儿增加有眼神的互动交流，为他们制造更多语言表达的需求。在为幼儿阅读绘本时，可以一条腿蜷起来让幼儿依靠，面对其侧脸，边阅读绘本边等待和观察幼儿的眼神、情绪状态变化。这样做，能对幼儿的语言发展和认知能力发展有很大的帮助。

★ 两岁以后：为幼儿提供更多的角色扮演类的互动玩具和绘本，为幼儿营造有利于其抽象思维能力发展的环境。

奶舅温馨提示

对幼儿早期成长来说，并不是玩具和绘本越多越好，多余的刺激会干扰幼儿较难专注持续做某些事情。

如果没有用对方法，没有科学有效的任务设置，那么过多的玩具和绘本只会给幼儿的发展带来阻力。当养育者发现问题时，可能已经很难再回头和弥补了。

两年极限现象：单一养育者

我们追踪观察发现，由于幼儿学习与认知过程主要是对养育者的简单模仿，而幼儿在单一环境下对单一养育者学习与模仿的时间极限是两年。一旦超过两年，幼儿就很难再从养育者的行为层面获得更多有直接帮助的东西了。

也就是说，从行为层面考虑，幼儿长时间和单一养育者在一起，幼儿用两年时间基本上就能完成对养育者主要行为习惯和优缺点的学习与模仿。

其实这个很好理解，养育者在陪幼儿互动交流的过程中会为其提供大量的学习和模仿的机会，因此，持续地陪伴能使幼儿学习模仿的效果越来越好。大概到了两年时，学习的效果就会趋于一种平衡或停滞的状态，产生两年极限的现象（见图 2–2）。

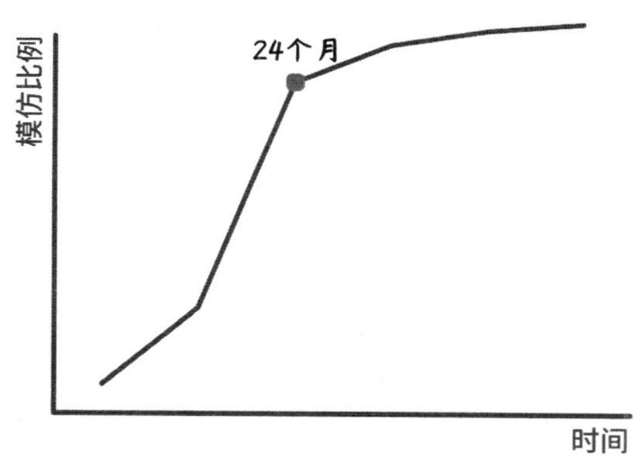

图 2–2　幼儿发展两年极限现象

追踪观察

有一个 28 个月的小男孩，我们带着他和妈妈一起去游乐场玩耍时，幼儿几乎没有跟其他小朋友互动交流的机会。他在做某些事情的时候，往往会先看向妈妈，得到妈妈肯定的眼神或是其他的身体语言之后，才会继续做他自己的事情。

我们观察到，很多两岁半至三岁由全职妈妈带大的幼儿在外出社交时往往都会存在这样轻微的社交障碍，即他们很难快速融入陌生环境中。

如何应对

第一种策略是，养育者需要主动寻求家人、朋友和邻居的帮助，让幼儿接触更多优秀的辅助养育者，让幼儿有更多和他们互动交流、学习模仿的机会。对于幼儿来说，这样可以让他们拥有更丰富、更好的学习成长过程。

第二种策略是，养育者完成了阶段性自主学习和自我提升之后再继续陪伴幼儿，即养育者也要培养自己的兴趣爱好。这也是我们在了解很多全职妈妈遇到的问题之后给她们的建议。这样，在幼儿上了幼儿园之后，全职妈妈也能更容易地重新融入社会。

奶舅温馨提示

科学合理的环境和陪伴是对幼儿真正的保护。养育者应给幼儿提供更多的接触优秀的人的机会，为他们提供更好的自主学习场景。

养育者切勿感动自己、限制幼儿更好的发展，而应和幼儿一起去接触更多优秀的人，共同进步和成长。

幼儿社交障碍现象：躲身后、抱大腿

幼儿社交障碍现象是指，由于新生代幼儿社交机会和互动场景严重匮乏，导致其社交和语言需求严重下降，使得越来越多的幼儿在遇到陌生环境或陌生人时，出现明显的躲身后、抱大腿、怕陌生（包括陌生人和陌生环境）的行为。

我们在追踪和观察过程中发现，新生代幼儿的成长环境主要是陌生人社会，养育环境过于单一；相反，父辈们的生活环境主要是熟人社会，他们在社交学习过程中有孩子“拉帮带”。

比如，我们在接触一些幼儿时，由于他们长时间在单一环境中成长，因此他们对我们的到来感到异常紧张和恐惧，会躲在养育者的身后，紧紧抱住养育者的大腿不放。尽管我们尝试了很多专业接触幼儿的方式，但持续几天下来，仍然难以和幼儿有实质性的交流互动。

追踪观察

我们对大量幼儿案例进行观察和追踪发现，出现幼儿社交障碍现象或与以下两方面的社会变革有很大关系。

- ★ **以家庭为单位的社会形态发生变革。**十几年前，我国的主要社会形态为熟人社会，不同年龄段的幼儿有大量互动玩耍的机会；如今，我国的主要社会形态为陌生人社会，楼上楼下的邻居可能都互不认识。因此，如今幼儿社交的机会和父辈比起来明显减少。
- ★ **社会教育的低龄化和教育资源的集中化。**十几年前，寄宿制学校还很少见；如今，越来越多的学校和社会教育机构变得更为集中并提供寄宿服务，且呈现低龄化趋势。这种现状也会使得如今的幼儿很难再有父辈小时候那种大院里孩子之间互相“拉帮带”的互动机会。

以上两方面因素叠加在一起，导致新生代幼儿的学习模仿和适应环境都过于依赖养育者，进而出现幼儿社会适应能力发展迟滞的情况。比如，幼儿的社交能力没有得到锻炼，造成语言沟通技巧不足，以及抵触和怕陌生。在两岁左右，会出现明显的抱大腿、躲身后和怕陌生的行为表现。

如何应对

奶舅建议，养育者可以根据幼儿不同年龄阶段的特点采取不同的方法。

★ 一岁至一岁半，幼儿主要在家里和主要养育者互动，学习家庭规则和基本的社交技巧。

★ 一岁半至两岁，引导幼儿有选择性地和成年人社交，多引入辅助养育者。鼓励幼儿到熟悉的环境里和不同成年人互动，为幼儿提供在熟悉场景里社交的机会，为他们多营造一些学习和模仿成年人的场景，促使其掌握更多的经验和技巧。

★ 两岁至两岁半岁，引导幼儿有选择性地主动与同龄小朋友社交，多带幼儿去商场、超市与成年人和/或家教好的幼儿互动，锻炼幼儿适应和应对陌生环境的能力，提高其相应的技巧。

★ 两岁半至三岁，主动做无差别社交，主动带幼儿和同龄幼儿做无差别互动交流，锻炼其社交技巧和沟通能力，避免养育环境和养育者单一的情况出现。

奶舅温馨提示

并不是每个幼儿都出现幼儿社交障碍，社会的变革也是一个不可逆的过程。

这种由社会变革和养育方式带来的新的幼儿发展问题，需要更多新手爸妈意识到，也需要更多的社会力量参与其中，帮助受困扰的幼儿顺利过渡到学校教育。

两分钟呆滞现象：低效率输入

两分钟呆滞现象是指一至三岁幼儿因独自使用电子产品超过两分钟而出现眼神空洞、目光呆滞的现象。

我们在 12 个持续追踪半年的幼儿案例中均观察到了这种现象。我们认为，幼儿之所以出现这种现象，是因为他们在一至三岁时的认知能力和记忆力有限，高强度的生理刺激会让他们陷入一种持续的、低效率的、无意识的输入状态。这会严重阻碍幼儿的语言学习和认知过程，需要引起更多养育者的重视。

然而，一至三岁幼儿最需要的并不是这种高强度的生理刺激，而是亲子之间有眼神交流的持续互动。只有高质量的亲子互动，才更有可能让幼儿有更多的语言表达需求和认知学习的机会。

追踪观察

案例

一个约14个月大的幼儿独自坐在沙发上看动画片。我们和他的父母在一旁观察，到了一分半至两分钟这个区间时，幼儿陷入一种眼神空洞、目光呆滞的状态。只有在我们叫他名字的时候，他好像突然间醒过来，与动画片产生了学习互动。

我们希望可以有更多养育者重视两分钟呆滞现象，从而有效地避免这个现象。

如何应对

由于电子产品的感官刺激过于强烈，因此它带来的生理刺激只是给幼儿单方面的输入。我们强烈建议，两岁前不要给幼儿使用电子产品，养育者需要用阅读绘本和讲故事等方式与幼儿互动。

幼儿在两至三岁时，不建议让他们独自使用电子产品，还是需要养育者陪伴在一旁，扮演旁白和解说的角色，增加幼儿的语言表达需求，提高幼儿的学习和认知的效率，且单次使用时长不宜超过20分钟。

奶舅温馨提示

电子产品确实给人们的生活增加了乐趣，也提供了极大的便利。然而，对于幼儿来说，他们需要养育者更科学、有效的保护和引导，才能与电子产品建立起更和谐、健康的互动模式。

纸尿裤障碍：抗拒自主排尿

纸尿裤障碍现象是指婴幼儿因长时间使用纸尿裤而对其形成依赖，由于婴幼儿缺少对排便行为的观察和认知，导致部分婴幼儿在脱离纸尿裤要完成自主排便这个行为时出现强烈的抗拒情绪和心理障碍。

追踪观察

案例 1

一个两岁多的小男孩，在脱了纸尿裤洗澡时突然尿尿，他被自己的这个行为吓得全身颤抖。随后，他对脱了纸尿裤要排便的行为特别抗拒。

我们在观察的过程中发现，幼儿因长时间穿纸尿裤，对自己尿尿的行为没有系统的观察和学习，导致他突然间遇到自己尿尿，被自己尿尿的行为吓到。

案例 2

一个三岁左右的小女孩需要每天长时间穿纸尿裤，因为她一旦脱了纸尿裤就没有办法完成尿尿和排便，导致她上幼儿园后还需要长时间地穿着纸尿裤。

如何应对

我们追踪观察发现，针对纸尿裤障碍，有以下两个很好的解决办法。

观察幼儿日常大小便的规律

一至两岁时，幼儿掌握了自主探索能力，养育者要有意识地观察幼儿平时日常大小便的规律。在幼儿大小便之前，有意识地帮他们把纸尿裤脱掉，让幼儿能够系统地观察和学习自己的排尿和排便行为。

这样一来，幼儿可以在到了两岁左右学习自主排便时能更好地适应，并能更好地学习自主排便。养育者不要给幼儿施加过多压力，让他们一定要去自己尿尿或排便。因为一岁半至两岁半是幼儿自主意识爆发的阶段，如果压力太大，幼儿就会产生强烈的情绪反弹，这对于养育者和幼儿来说都没有好处。

游戏互动法

当幼儿要坐在马桶上自己大便时，养育者可以把幼儿自主排便的过程变成一个有趣的、可以观察到的游戏。比如，这样鼓励幼儿："只要有臭屁屁进马桶里，就会听到'咚'的一声，这其实是臭屁屁在跳水。"幼儿听了就会觉得"臭屁屁跳水"的游戏很好玩。

在锻炼幼儿自主排便的这个过程中，养育者需要想更多很好玩的、很容易被幼儿观察到的现象来引导其自主排便。这对于帮助幼儿克服纸尿裤障碍有巨大的推进作用。

奶舅温馨提示

纸尿裤确实给幼儿的私密部位带来了更好的保护，也大大地减轻了养育者带幼儿的劳动强度。然而，当人们对新生事物带来的便利产生过度依赖的时候，也必将引发新的危机和问题。比如，纸尿裤确实给幼儿和养育者带来了极大的便利，却也让部分幼儿产生了本不该有的排便障碍。

养育滞后现象：养育策略调整慢

幼儿期是人毕生发展速度最快的阶段，如果养育者关于育儿的专业知识和经验不足，培养幼儿的方式和策略调整速度就会滞后于幼儿的实际发展速度，这被称为养育滞后现象。

也就是说，幼儿发展的速度极快，如果养育者采用同一种培养策略持续很久，没有根据幼儿实际发展情况做出相应的调整和改变，就会使幼儿在成长过程中受到人为因素的影响，出现发展迟缓的情况（见图 2–3）。

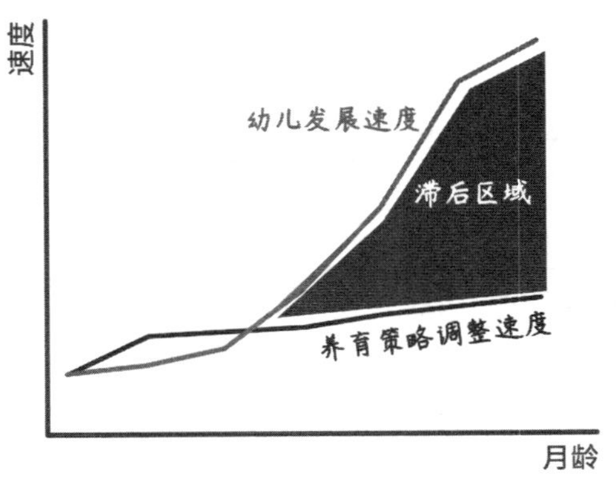

图 2–3　幼儿养育滞后现象

从行为决策视角考虑，年龄越大，人的行为习惯产生的惯性越大，改变培养方式和策略的难度也就越大，属于“不可改变的人们”。

而幼儿早期成长变化速度极快，行为和习惯改变起来相对容易，属于“可改变的人们”。在“可改变”和“不可改变”之间，很容易出现养育滞后现象。

如果养育者的培养方式和策略调整不及时，就会使其在很大程度上错误评估幼儿的发展状况。在我们追踪研究时，甚至发现在不少有老人参与养育的家庭中，培养幼儿的思路和方式仍基于几十年前的经验技巧，其观念和方式会对幼儿的发展带来严重的阻力却不自知。

追踪观察

案例

一个两岁半的小男孩和奶奶一起生活，我们在跟幼儿互动和对其评估之后发现，幼儿在语言和情绪表达等多个方面都存在明显的滞后。然而，在我们对幼儿奶奶访谈时，奶奶却不觉得孙子有什么问题，而是认为自己孙子平时总会做出让自己惊讶的反应，并声称孙子很聪明，发展得很好。

这就是典型的因养育者持续同一种养育策略而出现的严重高估了幼儿发展的现象。

如何应对

养育滞后现象最直接的影响是，加重了学校教育和家庭教育之间的矛盾与误解。由于家庭教育注重幼儿的个性发展，学校则更强调集体和规则意识的培养，二者之间在某种程度上存在明显的冲突，养育滞后会加重这一冲突。

因此，为了尽可能地避免养育滞后现象对幼儿产生的负面影响，除了鼓励养育者要多学习专业知识、多实践，还要确保家庭教育和学校教育两者长时间并行，鼓励更多专业的早期教育机构和人才涌现，这样才能帮助幼儿完成从熟悉的家庭环境到陌生的学校环境的适应过程，有效避免养育滞后现象给幼儿造成的负面影响。

奶舅温馨提示

平时较少参与亲子陪伴的养育者应尽可能挤出时间陪伴幼儿成长，因为他们很多的成长瞬间都需要家人共同见证。养育者需要根据幼儿的发展及时调整养育策略和环境，重视家庭教育。

构建科学合理的环境和科学的陪伴，才是对幼儿真正的保护。

幼儿发展天花板现象：长期停滞不前

幼儿发展天花板现象，意为幼儿可独自依靠环境刺激自然发展到某个阶段，之后的发展则需要人为干预和引导。因专业知识和养育经验缺乏，养育者干预和辅助过程普遍缺失，导致幼儿的早期发展严重受限，出现了长期停滞不前的现象（见图 2–4）。

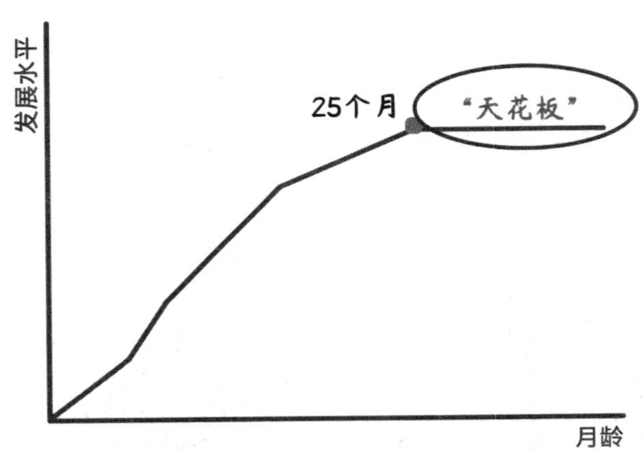

图 2–4　幼儿发展天花板现象

比如，我们在对幼儿家庭进行追踪研究时发现，养育者普遍反映，除了玩“过家家”、做游戏，真不知道再培养哪些方面的能力有助于幼儿更好地适应学校教育。

追踪观察

我们从对大量幼儿及其家庭的观察和持续追踪中发现，只要早期成长环境刺激不匮乏，绝大部分正常幼儿都会在两岁半之前，先后经历颜色、形状、声音、触摸、组合、结构这六个发展阶段。而时间、风险这两个适应未知阶段，需要养育者主动引导和培养。①

结构阶段是幼儿能自然发展到的最高阶段，其特点是幼儿想象力和抽象思维快速发展，幼儿对情景类的角色扮演（如“过家家”）或无实物表演游戏感兴趣。

然而，幼儿发展到结构阶段之后，还需要养育者干预和主动引导，为幼儿培养时间规划和风险评估这两种适应未知的综合能力。这两方面的能力也是幼儿早期决策模型形成过程中最重要的。

如何应对

养育者需要先了解幼儿每个阶段有哪些发展特点和规律，根据幼儿的具体情况调整培养策略。

幼儿到了两岁之后，养育者需要开始有计划地带幼儿一起做大量的时间感知和风险评估的任务。比如，和幼儿互动时让幼儿设置好时间，定好闹钟，时间到了就进行下一项任务，帮助幼儿培养时间

---

① 奶舅团队针对百余个一至三岁正常幼儿及其家庭做了观察和追踪，发现幼儿发展存在八个阶段，分别为：三个生理发育阶段（颜色阶段、形状阶段、声音阶段）、三个心理发展阶段（触摸阶段、组合阶段、结构阶段），以及两个适应未知阶段（时间阶段、风险阶段）。想了解关于幼儿发展八阶段的更多内容，可查阅 @ 奶舅 _ 吴斌 2020 年 6 月 1 日对外发布的幼儿发展报告《制约 1~3 岁幼儿发展的十问题、十现象》。

意识。

幼儿到了两岁半之后，养育者可以带幼儿到商场、超市做一些探险类游戏，教幼儿如何认标识，了解不同环境中的危险情况，教幼儿如何乘坐扶梯，以及如何避免危险等。

幼儿时间规划和风险评估能力的培养，需要养育者的帮助和引导，这两种能力能帮助幼儿更好、更快地适应陌生环境，更快地融入校园生活中。

奶舅温馨提示

幼儿阶段的发展速度极快，在很多问题暴露出来和被养育者发现时，可能已经意味着问题很严重了。

如果养育者没有基于幼儿的发展规律和特点进行有针对性的引导和帮助，就很容易造成旧问题还未解决新问题又找上门，新旧问题叠加会让幼儿和养育者都痛苦不堪。

第3章

养育者的错误养育习惯

我们追踪观察发现，在亲子互动场景中，养育者习以为常的养育习惯本身就是错误的，但很多养育者并不自知。比如，养育者说“喝水水”“吃饭饭”等和幼儿沟通交流的习惯，不但不会与幼儿拉近距离，还会给幼儿错误的语言示范，增加养育者的精力和体力负担。除了错误的沟通习惯外，盲目给幼儿做解释、自己觉得冷就给幼儿增加衣物、只说不做等常见的错误养育习惯，都会给幼儿的早期发展带来困扰和麻烦。

事倍功半的叠音词：“吃饭饭”“喝水水”

很多养育者在陪幼儿玩时，常会用“吃饭饭”“喝水水”这样的叠音词。有养育者认为，用这样的方式可以与幼儿拉近距离；也有养育者认为，这样说能便于幼儿理解。

然而，这其实是个养育误区。在与幼儿互动过程中使用叠音词并不会拉近距离，也不会让幼儿觉得动听、可爱，更不会便于幼儿理解语言背后的意图和含义。

这是因为，叠音词对于幼儿来说是其学习语言和发音的必经阶段。比如，如果幼儿学会了发“姥”的音，那么“姥姥”这个叠音词就是把同一个已经学会的音重复两遍，这对幼儿来说并没有太大难度。然而，如果在此时让幼儿说“姥爷”“老师”这些非叠音词，往往就会需要更漫长的学习过程。

一至两岁是幼儿语言发展的关键时期，如果养育者经常用“吃饭饭”“喝水水”这样的叠音词跟幼儿沟通，这类并非养育者惯用的发音方式，不仅会显著增加养育者的精力、体力付出，而且对幼儿的语言发展也起不到任何帮助作用。

如何改变

步骤1：用正常的语气和幼儿交流

养育者需要注意，嗲声嗲气地用叠音词并不是在用幼儿的方式打开语言世界，只需用自己惯用的发音方式对幼儿讲话就可以了。比如，该吃饭时就说“吃饭”，该睡觉时说“睡觉”，这样才有助于在幼儿学说话时加速其语言能力发展。

步骤2：合理规划亲子互动时间

与婴幼儿互动玩耍，本身就是特别辛苦的，养育者会消耗巨大的精力、体力。如果还要改变自己的说话和发音方式，就会不可避免地增大劳动强度，是特别不划算的选择。

奶舅建议养育者合理规划亲子互动时间，减少使用叠音词，避免不必要的精力、体力浪费。要把自己精神状态最好的时段用在培养幼儿的能力上。比如，在幼儿学说话时，养育者可以俯下身子与其进行有眼神交流的语言沟通，这样才能更有效地帮助幼儿的语言得到更好的发展。

奶舅温馨提示

希望养育者知道，与幼儿沟通时并不需要嗲声嗲气。要想温柔地和幼儿交流，只需要蹲下来并降低声音即可。

只有养育者掌握并使用正确的语言发音规则，为幼儿提供语言环境并让幼儿充分暴露其中，才能更有助于幼儿学会各种语言技巧和规则。养育者在这个过程中增加与幼儿的互动，教会幼儿语言的特点，引导其掌握语言规则，也能协助其更快速地完成语言语料的积累。

打骂不该成为养育者的发泄方式

有的养育者会因控制不了自己的情绪而打骂幼儿，其中还有一些养育者在打骂幼儿之后，不做任何引导和策略建议，紧接着又是新一轮的冷漠，或是嘲讽式的冷暴力。

这么做会严重破坏幼儿心理层面的发展和行为选择，主要体现在以下两个方面：

★ 幼儿会简单模仿养育者对待事物的态度和手段，对其他人和物也暴力相加；

★ 幼儿遇到的问题尚未得到解决就被暴力终止了，这会导致幼儿情绪的变化和表达出现问题，产生不知所措的无助感。

如何改变

步骤1：减少打骂，努力控制情绪

婴幼儿的所有问题几乎都会演变成哭闹问题，如果养育者没有主动适应哭闹，尽量控制自己的情绪，就很容易陷入烦躁和痛苦之中，

亲子互动也会充斥愤怒和打骂。

因此，养育者不仅要主动适应幼儿的哭闹，还要多尝试蹲下来并深呼吸——蹲下来和幼儿耐心沟通，深呼吸控制好自己的情绪，给幼儿做个好榜样。

步骤 2：打骂后要及时给幼儿解释，并做好行为引导和情绪疏导

暴力实质上是一种终止手段，即一件事无论好坏都会以暴力的出现而被迫终止。长期被暴力对待会严重影响幼儿早期行为模式的形成。

养育者需要注意，在培养幼儿的过程中，不应以打骂作为某件事的终止。打骂或惩罚后，需要及时给幼儿解释，并做好行为引导和情绪疏导。惩罚之后，还要和幼儿沟通探讨，为其提供通畅的申诉和表达想法的渠道。

奶舅温馨提示

幼儿阶段的培养目标并不是让幼儿听话，而是帮助幼儿锻炼独立思考的能力，形成完善的人格。通过打骂压制，让幼儿必须听话，不但无益于幼儿养成独自思考的能力，还会对其形成独立自主的早期人格不利。

打和骂更不是好的引导方式，反而会给幼儿带来更多误解和困扰。只有尊重幼儿，为其提供合理的表达和申诉渠道，亲子关系才能更加和谐、融洽，亲子间的矛盾冲突才会越来越少。

盲目做百科全书式的养育者

幼儿学会说话后，最让养育者头疼的事情应该就是“十万个为什么”了。特别是两三岁的幼儿，他们懂得不多，但又热衷于使用语言，会提出各种稀奇古怪的问题并且问个不停。

我们观察发现，有不少养育者在被幼儿问到心烦后，常常会选择无视幼儿或是随便编造答案，盲目地做了一个百科全书式的养育者。

然而，随着幼儿的不断成长，他们会逐渐发现养育者的一些解答是有问题的，因此会产生强烈的心理冲突，这会对幼儿的早期成长造成不小的困扰。

如何改变

步骤1：及时回应但不急着给出答案

当幼儿问个不停时，养育者千万不要不理睬，而是要在幼儿呼喊和询问时给予回应。不过，这并不是要求养育者立即给幼儿解答问题，而是要蹲下来反问：“你认为答案是什么？”这样可能会引导幼儿讲出自己的理解，如果幼儿实在说不出来，再做解释。

步骤2：引导幼儿思考和归因

有时，幼儿问的问题非常简单，并且会反复地问、不停地问。养育者很容易被幼儿问烦，这时可以尝试使用“我也不知道，但我们可以一起……”的句式，引导其思考和归因。

比如，幼儿问安全出口的标志是什么意思，养育者可以回复：“我也不知道，但我们可以一起沿着箭头去看看。”这样既给了幼儿回应，也能利用这个机会去和幼儿一起发现和解决问题。

步骤3：教会幼儿解决问题的方法

幼儿越大，问的问题会越难，不见得都是养育者擅长的领域。

除了使用前面讲到的一起找答案的思路，还需要教会幼儿如何解决困难。

当遇到很专业的问题时，可以鼓励幼儿主动询问专业人士。这样既培养了幼儿的社交能力，还能帮助其快速学会如何准确理解专业的问题。

奶舅温馨提示

问题永远解释不完，养育者无须做个百科全书式的养育者，而是要教会幼儿如何思考和解决问题，即“授人以鱼，不如授人以渔”。

幼儿疯狂提问是好现象，养育者需要耐心对待和鼓励，引导和培养幼儿发现和探索问题答案的能力，教会幼儿如何思考和解决问题，才能有更好、更全面的早期发展。

养育者只说不做式自我感动

生活中常会听到养育者这样对幼儿惊呼：“不要动，那个东西有毒！”“你再这样，我就不爱 / 喜欢你了！”他们试图通过语言威胁的方式阻止幼儿做某些事情。其实，对未满三岁的幼儿来说，并不知道什么是“有毒”、什么是“爱”、什么是“喜欢”。

幼儿只能通过养育者之后的行为来判断和理解。如果希望幼儿能更好、更快地理解什么可以做、什么不能做，就不能只靠嘴上说，还要给幼儿演示或是让其感受到后果，否则就会陷入自我感动式养育。

如何改变

步骤1：尝试用幼儿的思维和能理解的方式解释

如果用幼儿不懂的词汇去解释一个幼儿不懂的概念，就会增加幼儿的理解难度。如果养育者希望幼儿能够理解和明白自己的意图和想法，就要用幼儿能理解的方式去解释和引导。

比如，如果希望幼儿学会自主排便，那么直接命令幼儿必须自己去排便其实是很困难的，养育者可以试着假装蹲在地上，夸张地“使劲”，嘴巴配合着发出声音，就能有助于幼儿理解大人的意图和这个动作的要领。

步骤2：给幼儿提供具体的场景体验和观察

对于一些抽象的概念（如疼痛），养育者可以给幼儿提供具体的场景体验和观察，并让幼儿有所感知，进而影响其行为习惯。例如，如果希望幼儿理解咬人会让别人会痛，不可以随便咬人，就需要让幼儿体验到被咬是什么感受。

步骤3：建立合理的奖励与鼓励机制

养育者要告诉幼儿并给他们示范什么行为可以做、什么行为不可以，能做的就会被鼓励和奖励，不能做的就会被取消奖励或被惩罚，要帮助幼儿学会规则、规范行为，养成良好的日常行为习惯。

幼儿阶段是学习和认识世界的开始，幼儿对很多事物的理解需要养育者多说多做，他们才能更好地理解和接受。如果只说不做，养育者就很容易陷入自我感动式养育，即辛苦付出了很多，到最后却只能感动自己，对幼儿的帮助并不大。

奶舅温馨提示

幼儿很难理解“喜欢”“爱”“有毒”等这些抽象的词汇。别说他们了，像“喜欢”和“爱”这种宽泛的词，人们在成长过程中会有不同的理解，甚至还有不少人在成年后依然不明白这些词汇到底意味着什么。因此，对幼儿来说，身教重于言传，尤其是对于还不能很好地理解语言的幼儿。

你觉得冷并不等于幼儿也冷

有句话说“有一种冷叫你妈觉得你冷”。生活中也不乏这样的养育者：自己穿得很薄却给幼儿穿得很厚。这可能是担心幼儿感冒生病，也可能是误判了幼儿是否需增减衣物。

这也是我们观察到的常见的养育误区之一，即养育者通过自己的感觉来判断幼儿的冷热，而不是通过观察和感受幼儿身体的变化，从而导致“我觉得你冷，你应该穿衣服”的养育现象。

其实，我小时候也是这个养育误区的受害者。奶奶年老体弱，身体不是特别好，冬天时我们睡热炕，她担心我着凉感冒，会给我盖棉被。热炕上盖棉被，导致我得了中耳炎，使得我的听力至今都受影响。比如，如果有人在楼上喊我，那么我很难判断这个人的准确方位。

由于奶奶的观念落后，对我的生理发育造成了不小的不良影响。因此，很希望这个道理能被更多的养育者知晓。只有具备科学的养育观念和知识储备，才能帮幼儿得到更好的发展，从而有效地减少对幼儿本不必要的伤害。

如何改变

步骤1：找到有效判断幼儿冷热的方法

要想让幼儿更健康成长，判断是否要给幼儿增减衣物，应当基于其身体变化来决定（这也是最简单有效的方式），而不是靠自己的主观感受来判断。

如果通过幼儿的额头、手、脚踝等这些长期暴露在外面的身体部位来判断，那就很容易受环境的影响，会出现误差。比较准确的判断方式是，摸幼儿脖子的后方。因为这个部位有衣服保护，受环境影响比较小，温度变化相对稳定，能借此更准确地了解幼儿的体温变化，判断是否需要增加衣物。

步骤2：尝试教会幼儿自主表达冷热的感受

等幼儿到了两岁后，养育者可以通过摸幼儿的脖子后方来判断是否需要增减衣物，但不要直接帮幼儿换衣服，而是蹲下来，主动询问，鼓励幼儿自己表达身体的感受。这样既能有效减少养育者的精力体力负担，也有助于幼儿的语言发展。

奶舅温馨提示

要想好好地照顾和培养幼儿，养育者除了大量观察幼儿的日常以充分了解幼儿的方方面面，还要努力克服自身复杂的情感和情绪变化，让自己在与幼儿相处时尽量保持沉着冷静。

再强调一次，养育者千万不要因为自己觉得冷就立刻给幼儿添加衣服，因为大人和幼儿的体质与感受差别很大。只有基于幼儿的身体变化做出判断，才能避免误解和伤害，给他们更科学的成长保护。

奖励会让幼儿变得功利吗

我们在对那些没有为幼儿建立奖励机制的幼儿家庭持续追踪的过程中，遇到最多的疑问是：给予的奖励多了，会不会让幼儿变得功利或唯利是图？

在我们追踪的一个案例中，当两岁的小男孩不愿意配合洗澡等日常任务时，养育者通常是给其水果、零食（基本不用甜食）让他配合。在他玩游戏时，如果完成得好，养育者就会鼓掌、表扬；如果完成得不好，就会鼓励他再试试，同时教他更多玩游戏的技巧，实在不行就帮幼儿一起完成。

对于这个两岁的幼儿来说，其养育者的培养策略堪称教科书级别了。养育者对幼儿有足够多的耐心和关注，在引导幼儿行为时交替使用奖励和鼓励，而不是只用其中之一，或者两者都不用。

要知道，幼儿阶段奖励和鼓励对其行为反馈都是特别有必要的。然而，我们在追踪过程中常会发现，不少养育者会觉得给幼儿奖励，会让幼儿变得功利或唯利是图。这其实是对幼儿最大的误解。

在幼儿早期选择策略的形成过程中，养育者为其呈现一些日常物品的时机和顺序会产生奖励和鼓励的效果。比如，在上述案例中，养育者最开始提到，在幼儿不愿意配合洗澡等日常任务时，养育者通常是用水果、零食（基本不用甜食）让其配合。也就是说，把幼儿喜欢吃的食物放在某个任务完成之后再呈现，或者跟幼儿谈条件，把日常物品变成了实质意义上的奖励物品。幼儿之所以会为了得到水果、零食等自己喜欢的食物而愿意配合养育者完成任务，是因为及时的物质奖励和反馈对幼儿的行为选择起到了积极的作用。

如何改变

在幼儿阶段，任何奖励的有效时间都不太可能持续半年及以上。因为幼儿在快速变化和成长，对于奖励物的感受、体验和兴趣也在快速变化。如果同一个方式用久了，幼儿就不会愿意再配合了，除非养育者已经通过日常奖励和鼓励帮助幼儿养成了生活习惯。

此外，这位养育者在与幼儿玩游戏时不会吝啬自己的掌声和赞许。当幼儿完成得不好时，养育者会教幼儿更多玩游戏的技巧，或者协助幼儿，与其一起完成任务。

和幼儿一起面对困难，是对幼儿特别好的引导方式。因为如果没有足够强大的外部奖励，超过两岁的幼儿就会不愿意完成有挑战的任务，进而缺乏完成任务的自信心，最后容易出现轻言放弃或逃避任务的行为。

因此，当幼儿刚遇到一些困难和挑战的时候，最需要的是养育者陪着幼儿一起克服和战胜困难，并给予幼儿鼓励和奖励。还可以人为降低任务的难度，或是教会幼儿更丰富的技巧和策略，帮助幼儿建立自信心。

只有奖励、鼓励和自信心都具备了，幼儿才能在更多更复杂的场景和任务中展现出积极和主动。

奶舅温馨提示

幼儿在未满两岁时，养育者对幼儿的口头鼓励能起到很好的促进作用，见效也快。然而，幼儿到了两岁之后，养育者需要给幼儿提供丰富的奖励物品，并及时调整日常奖励的机制和措施。

只有奖励机制始终适合幼儿，并且良性有效，减少奖励才能起到比单纯的惩罚更好的引导效果。

第二部分

幼儿行为习惯形成的理论基础

第 4 章

幼儿行为发展追踪研究

基于近 10 年的行为决策理论研究和大量的幼儿追踪实践研究，我们开辟了一个全新的研究领域——幼儿行为发展追踪研究，即通过对幼儿行为的观察和追踪，发现幼儿行为规律和特点，探索更多亲子互动过程中科学有效的引导方式和教育方法，指导养育者更全面准确地理解幼儿的早期成长和行为发展。

人类的行为选择过程

人类的行为选择过程是一个特别有意思的科学问题。我们往往很难理解和解释自己的行为，不少选择和行为都充满了未知和神秘。

正是由于人类行为有趣且充满未知，激发了众多领域的科学家想要搞清楚人类的选择和行为到底受到哪些方面的影响。人们如何判断和做出选择，环境和情景选择如何影响人们的决策，都是很有趣的科学问题。

遗传因素与环境因素都会对人类的行为选择产生不同程度的影响，这一直是学界的共识，但它们究竟如何发挥作用则是个很复杂的科学问题。由于人的行为选择是动态变化的过程，因此某些行为的出现和消失并不能被简单地归因为遗传或环境。

目前，学界已在以下方面达成某种共识：

★ 遗传物质在很大程度上决定了人们生理器官的结构特点；
★ 生理结构会影响人们对环境的感受和判断；
★ 感受和判断会左右人们的行为选择；
★ 某些行为是否持续出现，会受到复杂多变的环境影响；
★ 行为和环境的不断交互过程会以感受和判断的形式演变成经验，进而指导人们下一次的行为选择（见图 4–1）。

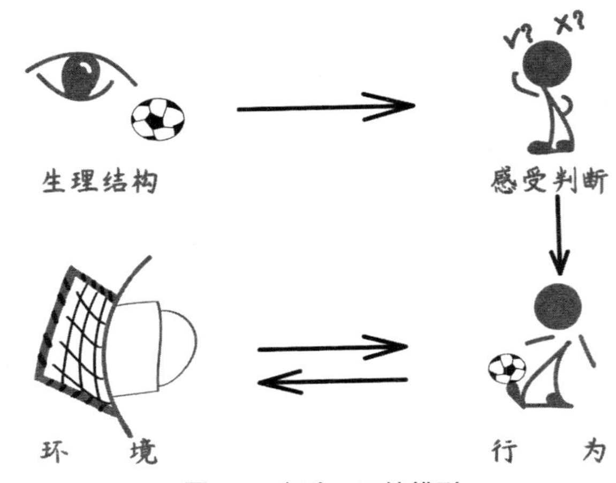

图 4–1 行为 – 环境模型

在学术界，关于遗传 – 生理结构、生理结构 – 行为选择和行为选择 – 环境场景这三个研究主题，都有大量科学家在探索研究。

其中，遗传 – 生理结构领域研究最为深入，最有代表性的当属人类基因组计划，它也帮助人们更好地认识了很多罕见病的遗传学机制，涌现了大批优秀的遗传学工程师和学者，其中不乏诺贝尔奖得主和院士。对遗传学感兴趣的读者朋友，可以阅读我的好友尹烨博士翻译的《基因组：生命之书 23 章》（*Genome:The Autobiography of A Species in 23 Chapters*）

生理结构－行为选择的研究领域，以脑科学研究为主要代表。2013 年，时任美国总统的巴拉克·奥巴马宣布启动美国“脑计划”，以探究大脑功能与行为选择之间的联系。值得高兴的是，我国“脑计划”也在规划和部署中。

行为选择－环境场景的相关研究，在心理学家和经济学家的努力下已有大半个世纪的研究历史，也涌现了赫伯特·A. 西蒙（Herbert A. Simon）、丹尼尔·卡尼曼（Daniel Kahneman）和理查德·H. 塞勒（Richard H.Thaler）三位诺贝尔经济学奖得主。

行为经济学的诞生

经济学和心理学都是以研究清楚人类行为和选择过程为目标的学科。经济学更注重整体和系统内的人类行为规律，认为人是理性的，每一次选择都会追求利益的最大化，这也是经济学理论公理化和模型化的必然选择。心理学则更侧重对个体行为及其背后机制的探讨，认为人的选择会受到环境和心理等因素的影响，选择过程并非每一次都追求最优或利益最大化，是有限理性或非理性的。1987 年诺贝尔经济学奖得主赫伯特·A. 西蒙就是关注这一研究主题的大师级人物。

20 世纪 80 年代，经济学博士理查德·H. 塞勒将心理学研究介绍到了经济学领域，这一举动使得越来越多的经济学家开始重视环境因素和心理过程对个体和群体选择与判断的影响。

经济学和心理学的这次“联姻”诞生了行为经济学分支，心理学的决策与判断领域也迎来了更宽广的舞台。

行为经济学经过近半个世纪的快速发展，涌现了大量优秀的理论和学者，斩获了两次诺贝尔经济学奖。其中，由于心理因素对人类决策过程被学界广泛关注到，丹尼尔·卡尼曼也因与其黄金搭档阿莫斯·特沃斯基（Amos Tversky）提出的预期理论（prospect theory），获得了2002年诺贝尔经济学奖。

15年后，行为经济学的领路人塞勒，因开拓性地把心理学研究方法，以及卡尼曼和特沃斯基的工作介绍到了经济学界，独享了2017年诺贝尔经济学奖。

我有幸和这两位经济学诺奖得主有很多交流和交集。卡尼曼在看完我关于《风险决策的决策结构》的数理理论研究后，为我推荐了美国伊利诺伊州合作的几个实验室。塞勒在拿到诺贝尔经济学奖之前表示，欢迎我把自己的数理研究带到芝加哥大学经济系。

借此机会，我很感激在学术成长阶段能够有幸得到他们的帮助和指导。如果你对这两位诺贝尔奖得主的研究感兴趣，可以看看卡尼曼的《思考，快与慢》（*Thinking, Fast and Slow*）和塞勒的《助推》（*Nudge*）。

国内行为决策研究

2013年初春，我加入了中科院心理所李纾研究员的行为决策课题组，开始了行为决策与博弈论的研究生涯。我的恩师李纾是国内行为决策研究领域当之无愧的学术带头人，他提出的“齐当别”（equate-to-differentiate）理论，属于行为选择领域“维度比较”体系里的代表。

与经济学家对计算和理性近乎疯狂的追求形成鲜明对比的是，李纾认为人类选择过程不可能每次都精密计算，应该聪明地把复杂问题简单化，把选择过程变成多个特征维度去进行比较和权衡，最后会选择维度差异大且占优的那个选项。

例如，如果你选择相亲对象，可能并不会把备选对象的所有信息都精确计算一遍，而是会选择某几个特殊的维度（如身高、外貌或收入）进行比较。如果他们外貌差距并不大，那么你将会在收入维度进行比较，最终可能选择收入最高的。同样的逻辑，如果他们收入差距不大，你则会在外貌维度进行权衡比较。

如果对李纾的“齐当别”模型感兴趣，可以参考其著作《决策心理：齐当别之道》这本书（我与李纾共同编写了这本书的博弈论部分）。

除了以经济学家为代表的计算流派，以李纾为代表的维度比较流派，还有德国马普所（即马克斯·普朗克科学促进学会）的格尔德·吉仁泽（Gerd Gigerenzer）为代表的启发式（heuristics）理论。

启发式理论认为，人们借助有限的时间、知识和认知能力进行分析和判断，并通过主要线索和特征，或特定方法做出快速准确的选择。中科院心理所的栾胜华研究员是国内这个理论体系的开拓者。

举例来说，栾胜华发现，人们在判断钻石的价值时，普通人并不会像宝石专家那样对相关参数有准确判断。但是，如果先提供钻石的重量线索让他们估价，再根据透明度线索让他们调整最终的报价。这种启发式的决策方法会比一次性呈现两个线索所给的估价，更接近专业人士的报价。

幼儿行为发展追踪研究之缘起

人类行为最难预测的领域当属婴幼儿期了，因为与有明显偏好和稳定习惯的成年人行为相比，婴幼儿的行为选择充满了未知和不确定。如果你照看过婴幼儿，一定会对此深有感触，因为幼儿的很多行为总能打破你对其和事物的固有认知，甚至让你惊呼：“原来还可以这样啊！”

其实，每个人来到这个客观世界，都不得不与环境互动学习。每个人都需要通过身体感官去了解和认识这个世界。认识到的知识和经验会帮助人们更好地理解个体的成长和发展。最后，它们会将各种常规策略变为人们的行为模式或习惯，以指引人们更快融入和适应未知的环境和人。

国内外有关行为与选择的理论体系基本上都是解释和预测成年人的。对于幼儿来说，他们需要依附养育者提供的环境和引导方式来学习和认识世界。幼儿到了一岁后才开始学说话，大部分时候无法具备自主报告的能力。如果仅仅靠幼儿口头表达或简单的访谈测评，就很难真正了解其实际发展水平，以及是否遇到了发育和发展问题。

2017年盛夏，正在美国伊利诺伊大学厄巴纳–香槟分校（University of Illinois at Urbana-Champaign，UIUC）数学系和心理系访学的我，因家庭需要，暂时放下手头正在做的博弈论和行为决策的理论研究，决定先回家支援我的家庭，尝试把我过去五年在博弈论和行为选择领域的研究成果实践应用到幼儿领域，并全职对我的小外甥做了为期四年的个案行为追踪研究。截至目前，我们持续追踪观察国内外幼儿案例及家庭近 200 个。

基于上述的追踪研究，我组建了国内首个幼儿行为追踪研究团队，成立了国内首个幼儿文献研究中心项目，团队成员包括来自国内外知名高校的心理学、教育学和语言学的四名博士、四名硕士。

我也因此开辟了一个全新的研究领域——幼儿行为发展追踪研究，旨在通过观察和追踪幼儿行为特点，了解其家庭特点和养育者行为策略，发现幼儿行为规律，探索更多亲子互动过程中的科学有效的引导方式和教育方法。

考虑到幼儿阶段尚不完全具备理性判断和计算能力，幼儿的选择不可能是绝对理性的。奶舅团队基于行为决策理论，结合大量实践追踪，通过维度比较和启发式的理论逻辑和思路，把亲子互动变成一个个场景式的选择任务，帮助幼儿更好、更快地理解各种复杂的抽象概念。同时，根据幼儿行为发展规律和特点，有针对性地锻炼幼儿的抽象思维、逻辑思维等认知能力，并培养其良好的作息和生活习惯等。

举例来说，我们通过维度比较的决策逻辑，观察幼儿阶段各种偏好的形成情况。也就是说，养育者或研究者为幼儿提供日常物品选择时，可以人为“齐同”（即忽略差异不大的部分）某些维度的差异，只让幼儿在特定维度进行更简单的选择，以考察和判断幼儿的生理或行为发展的特点。

比如，为幼儿呈现两个外观一模一样的小车，仅在颜色维度（如蓝色和红色）有差异，让幼儿在蓝色玩具小车和红色玩具小车之间做多次选择。当观察到幼儿会在更多时候选择红色小车时，我们就可以通过这一行为特点做出判断：幼儿颜色区分的视觉发育趋于成熟，并发展出了颜色偏好。

在我们知晓了幼儿的颜色偏好之后，就能更有针对性地为其制定与颜色相关的培养方案或行为引导策略。比如，幼儿偏好红色，那么可以为其准备红色的安全座椅，提高其配合程度。类似的选择方式还可以应用到各种复杂的现实养育场景中，启发或引导幼儿学习和做出行为。

追踪研究视角下幼儿行为习惯形成的过程

截至目前，我们持续四年对近两百个幼儿及其家庭追踪后发现，遗传物质会决定人们的生理结构，生理结构则会影响人们的主观感受和判断，感受和判断进一步左右人们的行为选择，环境和生理感受会通过行为的交互影响人们是否继续做出某个特定行为，如果反复多次就会逐渐形成稳定的行为策略，最终逐渐发展成行为习惯。

以上这个复杂的过程可以被简化成幼儿早期行为发展过程的三个层次：感知世界、理解成长和适应未知。

感知世界

颜色、图形符号、声音的识别都需要生理感官的感知过程，感知阶段是人们认识和了解客观世界的必经之路。如果生理感官出现问题，就会给后续能力发展带来很多阻碍。比如，有听力障碍的幼儿，在语言学习中也会受到不同程度的影响。

这一阶段通常发生在一岁半之前，处于这个阶段的婴幼儿会通过生理感官被动感知陌生的世界，逐渐形成简单的常规行为策略（如哭闹）。他们的行为发展具有随意性，受环境影响极大。

这个过程与做陶土轴承类似，处于这个阶段的幼儿的行为选择就像稀软的陶泥，可塑性极强，被反复击打揉捏后，陶泥里的水分会逐渐消失，一些行为逐渐定型，成为习惯或常规策略（见图 4–2）。

图 4–2 陶土手工由软变硬的过程

我们经过观察和追踪发现，幼儿在认识和感知陌生且抽象的客观世界的过程中，最开始都需要通过大量重复的行为模仿来学习和掌握。通过行为层面的不断反复，有助于他们更好地理解和感受，进一步形成自身的认识和经验，最后变成常规策略，以指导自己日常生活中的各种行为选择和判断。

理解成长

随着生理感官的发育成熟，幼儿需要不断地通过各种行为和尝试得到相应的反馈，以此达到更为准确地理解所处环境的目的。如果每一次新的行为尝试都能得到感受层面的反馈，就能帮助幼儿更好地判断自己的行为是否需要调整，进一步了解和适应所处环境的实际情况。

比如，一个幼儿看到一个绿色的苹果后，如果对苹果的颜色和形状产生了兴趣和好奇，就会通过拿来把玩或咬一口等行为来认识苹果是什么、口感如何。这些感受和反馈会变成其选择经验，决定幼儿下次是否还会拿起来吃。

理解成长阶段通常发生在一岁至两岁半，幼儿具备了自主探索的能力，通过一次次模仿和行为尝试积累经验并建立了自信心，其中一部分常规策略会逐渐形成稳定的行为习惯。比如，需求表达的策略变得丰富，包括有需求就哭闹，或者用语言表达需求等行为策略。

这个阶段的幼儿行为发展就像是在用湿软的陶土制作车轱辘和辐条，每一种行为习惯和策略都是一根长短不同的辐条。由此也不难想象，如果只有一根辐条（即一种行为策略，如哭闹），就很难适应复杂多变的路面。而有了越多的辐条做支撑，就可以更好更快地适应各种复杂的路面环境。

同样的道理，我们也可以把人们不同的行为模式做区分，将其理解成各种形状的车轮（见图 4–3）。比如，A 是方形的，B 是圆形的，

C 是梯形的，D 是星形的。

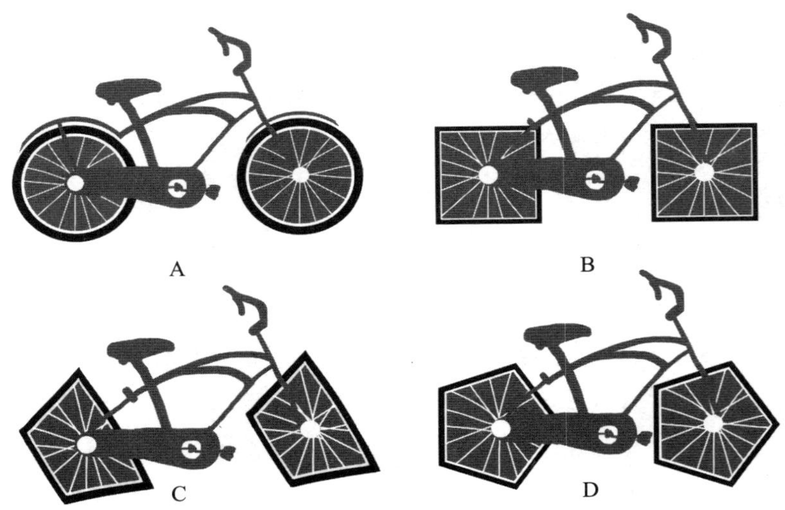

图 4–3 将人们不同的行为模式比作不同形状的车轮

每个人在做选择时受影响的因素也各有不同，也使得人们在应对环境和人时采用的策略大不相同，也可以将此理解为性格的早期表现形式，只不过性格的形成其实持续时间更久，且更复杂多变。简单地说就是，习惯是性格的重要组成部分。

适应未知

幼儿在熟悉的养育者和环境中经过不断感知和理解，形成一整套行为策略和模式之后，不得不暂时离开养育者，或进入陌生环境积累更丰富的行为策略和经验，这就是幼儿阶段适应未知的过程，这个阶段被称为适应未知阶段。

比如，过马路时，需要幼儿根据视觉、听觉来判断信号灯以及自己与行驶车辆的距离，决定是停还是走。在做出走或停的行为后，又会收到新的反馈和判断，这是充满不确定性的动态判断和变化过程。

随着年龄的增长，幼儿不得不独自面对越来越多的陌生和未知场景，更好地适应陌生环境和陌生人的最佳方式有以下两种：

★ 以不变应万变，即形成固有的一套行为习惯，让环境适应自己；
★ 积累足够丰富多样的行为策略，以应对复杂多变的未知环境。

比如，幼儿最熟悉和擅长的行为策略就是哭闹。哭闹也是幼儿最早掌握的可用于表达感受、想法和诉求的方式。然而，如果只会哭就远远不足以更好地适应未知的环境和陌生人。如果幼儿只会通过哭闹来表达，就会增加更多的亲子冲突，因此这样的幼儿需要更多的环境刺激，以及养育者的帮助和引导，这样才能学习掌握更丰富多样的社交互动策略，以满足自身需求和发展。

我们在追踪过程中发现，大部分幼儿在两岁左右就具备了丰富的表达策略以应对不同的养育者。他们为了达到自己的目的，会采用包括哭闹、欺骗、语言表达、眼神和情感表达、手脚指物等方式来表达感受、需求和想法。

在这个阶段，一部分常规的策略趋于定型，变成行为习惯；一部分行为会随着环境的变化和能力的发展而逐渐消失。比如，如果幼儿发现大声假哭会被养育者轻易识别出来，且养育者没有给予积极反馈，幼儿就会愿意主动改用带有谈判性质的语言商量，与养育者沟通并表达自己的想法和需求。

如果说处于这个阶段的幼儿像一辆驰骋的车，那么其身体素质和遗传层面的东西更像是发动机和引擎，行为习惯和策略就是车轮，成长环境是复杂多变且充满未知的赛道（见图 4–4）。

图 4–4 车行驶在不同类型的路面上

幼儿阶段的车跑起来，发动机固然很重要，但面对各自迥异且充满未知的成长环境，合适且匹配的车轮才能让发动机在不同的路面上发挥最大的作用，也可以让车跑得更好。当然，早期车轮的成型也会在一定程度上受到发动机的影响。不过，这些与外部环境和养育者的行为习惯相比，就显得影响极为有限。

养育环境影响幼儿行为习惯形成

从幼儿行为习惯形成过程的角度理解，生理感官的刺激会让幼儿形成简单重复的行为模式，这是最早期的习惯表现形式。随着生理感官的发育成熟，以及心理能力发展和经验技巧的丰富，幼儿会有更多自主意愿参与日常活动，行为习惯的形成会变得更加复杂和随意。最终，为了更好、更快地适应陌生环境和陌生人，在环境和养育方式的作用下，幼儿的行为会在大量尝试后趋于固定，形成常规的处事风格和模式（见图 4–5）。

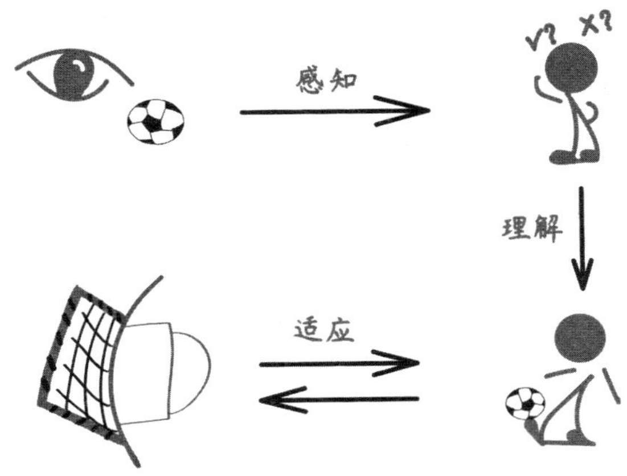

图 4–5　幼儿行为习惯形成过程

我们追踪发现，后天环境对于幼儿早期行为发展和习惯形成的影响很大。幼儿阶段的规则、意识和能力的发展从某种角度理解，都属于不同表现形式的行为习惯。

以最外显的语言能力发展为例，我们在追踪过程中发现，很多与幼儿语言学习、发展相关的有趣现象，这些现象都受到了生理结构的影响，以及后天环境的制约。

我们追踪发现，一至两岁是幼儿语言发展的关键时期。如果养育者在这个时期没有给幼儿提供足够丰富的环境和互动刺激，就极容易造成语言发育迟缓（两岁才开始说话）或语言障碍等问题。

我们进一步对幼儿阶段语言学习和发展进行了追踪研究，结果表明，可对幼儿语言发展分为两个层面来考虑——遗传和环境。

对于无先天缺陷的幼儿来说，遗传方面主要体现为生理结构带来的影响。比如，我们追踪和观察大量幼儿后发现，出牙时间会对语言发展有一定影响。那些出牙晚的幼儿，相比于出牙早的幼儿语言发展得更快。

此外，我们还追踪发现，肢体力量的发育情况也会影响幼儿的语言发展，那些较晚学会走路的幼儿与那些较早学走路的幼儿相比，语言发展得更快。

这两种有趣的现象背后也存在内在逻辑。由于语言的发展需要先有环境刺激，再有示范和模仿，最后独立掌握语音和表达的能力，因此口腔内部环境的问题会让处于语言发展关键时期的幼儿更容易完成模仿以及与发音相关的肌肉控制。然而，出牙的早晚往往会影响幼儿唾液的分泌量，这些因素会大大增加幼儿对口腔内肌肉和动作的控制难度。

同样的道理，学走路较早的幼儿，由于他们有很多需求和想法可以自己直接去解决，因此他们语言表达的需求和应用场景比那些学走路较晚的幼儿会少很多。对学走路较晚的幼儿来说，如果他们有什么需求和想法，就会先向养育者表达和示意，这必然增加了亲子互动和语言表达的机会，语言的发展也会相对快一些。

此外，除了生理结构会对幼儿语言发展产生不小的影响外，后天成长环境也会制约或帮助幼儿的语言学习和发展。为了更好地研究和理解先天遗传和后天环境对幼儿行为发展的影响，我们尝试把后天环境细分为养育场景和养育方式（见图 4–6）。

我们在追踪和观察过程中发现，养育场景的设置（如玩具区物品的摆放）和亲子互动方式都会对幼儿的语言发展带来一定的影响。

我们追踪和回溯那些出现语言发育迟缓（即两岁还只会叫“妈妈”）的幼儿及其家庭之后发现，无一例外是因为在幼儿一至两岁语言发展关键时期，玩具区内的物品严重过载。如果玩具区内物品过多、过杂，幼儿在玩具区里就会被过多的刺激吸引，养育者会误以为幼儿自己玩得很好，减少了必要的真人互动和交流，影响了幼儿的语言发展。

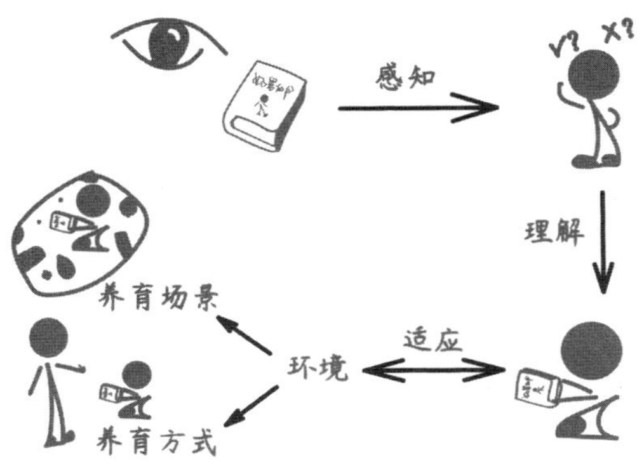

图 4–6　后天环境与幼儿行为习惯形成示意图

亲子阅读和互动方式也会对幼儿语言发展带来影响。错误的互动方式不但无法帮助幼儿获得更好的亲子陪伴，反而会让养育者做无用功，幼儿语言也不见得能得到很好的发展。

比如，我们会建议养育者在幼儿一至两岁亲子互动和阅读时，不要嘴巴对着幼儿的后脑勺，而是一条腿蜷起来，让幼儿用后背倚靠着，面对着幼儿的侧脸与其进行互动和为其阅读。这样，养育者可以观察到幼儿的反应和反馈，有眼神交流的亲子互动对幼儿早期发展至关重要。

如果说感知、理解和适应是幼儿认识客观世界操作层面的方式，那养育场景和养育方式则是幼儿学习和掌握认识世界的技巧和方法的重要来源。幼儿阶段的行为习惯形成也和养育场景、养育方式密切相关。

如果养育者可以根据幼儿的发展规律，结合家庭和幼儿的特点，帮助幼儿养成更好的作息、生活习惯和思考判断方式，那么能在帮助幼儿的未来成长方面提供更多可能性。

幼儿发展需与家庭实际结合

前面详细介绍了生理结构特点、养育环境和养育方式都会影响幼儿的早期发展。这提示我们，要想帮助幼儿更好、更全面地发展，那么不但需要养育者了解幼儿阶段的生理发育和心理发展规律，还要掌握科学合理的养育环境设置方式和养育方式。

幼儿发展需要与家庭实际结合是很有必要的。不仅幼儿存在个体差异，养育环境也会因家庭而异。即便是生活在同一养育环境里，养育者对不同幼儿的态度和方式也会让幼儿的早期发展差异巨大。

在现实养育场景中，养育者可以通过调整选择难度、改变选择场景等方式，帮助幼儿更科学高效地认识世界和发展各种能力。当养育者教给幼儿规则和应对策略时，并不是通过一步处理就终结了。对幼儿来说，养育者的教育和引导更像是持续变化的选择策略，即幼儿会因为某一个事件而不得不连续面对一系列后续事件。

从这个角度考虑，如果要想真的帮助到幼儿，就不能只是简单地告诉幼儿在某种场景要怎么做，还应该让幼儿掌握独自应对环境的常用策略，教会幼儿因场景和时间的改变而思考动态的选择策略。

在与幼儿互动的过程中，养育者要根据自身状态做出策略调整。比如，带幼儿出去时，可以在一些空旷的地方鼓励幼儿自己行动和做选择，养育者也可以趁机休息一下。

养育者的精力和体力有限，不能一直“劳”，更不能一直“逸”，要分场景和情况，及时调整自身策略。可以通过改变幼儿某些情况下的决策难度，来达到鼓励或阻止幼儿行为的目的。幼儿也会在这种策略变化的互动过程中，习得调整策略的能力。

还可以用言传身教的方式，潜移默化地教会幼儿因时因地因状态和心情，及时调整自身选择策略。在养育者掌握了这些能帮助幼儿掌握熟练运用行为策略的方法之后，就可以基于自己擅长的方向和幼儿感兴趣的事物结合，去培养幼儿各方面的能力和兴趣爱好了。

幼儿兴趣培养与习惯形成

我们根据观察和追踪发现，幼儿行为习惯形成大概会经历以下三个阶段。这三个阶段其实也与感知世界、理解成长和适应未知三个行为发展层次相对应。

阶段 1：感知世界阶段，基于兴趣的反复尝试

幼儿的生理发育和心理发展存在一定的规律和特点，这也使得他们的兴趣会持续变化。比如，高亮的色彩（如各种红色玩具）能更容易地引起幼儿的兴趣和关注，其次是有声响的物品（如点读机），再次是靠想象和模拟的无实物表演（如“过家家”）。

在这个阶段，主要是通过生理刺激吸引幼儿的兴趣。幼儿会基于这些兴趣做出很多行为层面的尝试，并通过行为得到来自环境和事物的反馈，进一步强化行为，或不再感兴趣。

阶段 2：理解成长阶段，兴趣持续并变成被动遵守的规则

幼儿会受养育环境和养育策略的影响，很多外界的刺激和反馈都会影响幼儿是否继续感兴趣，以及是否会持续反复地做某些行为。

幼儿对某事物感兴趣，再加上环境的持续刺激，以及养育者及时的指导和引导，会使得他们把兴趣变成一种被动需要遵守的规则去执行。幼儿在这个阶段已经有了持续的兴趣，通过反复的行为尝试，会逐渐产生自己的判断和认识。

比如，幼儿对餐椅很感兴趣，想要爬上去玩，养育者及时发现后把幼儿抱上餐椅，并在餐桌上放上各种食物和物品。在幼儿被食物、

零食或餐具带来的刺激产生持续的兴趣后，就会默认遵守吃饭时要坐在餐椅上的规则。

阶段 3：适应未知阶段，内化为自己的行为准则和行为模式

当幼儿能够因某种兴趣而持续自己的行为，并愿意接受规则的约束，反复呈现的相同刺激以及反复的行为策略，就会逐渐内化成为幼儿自己的行为准则和行为习惯。这个过程需要幼儿调动身体感官做分析判断，通过已有经验和技巧形成固定行为模式以应对陌生情况（见图 4–7）。

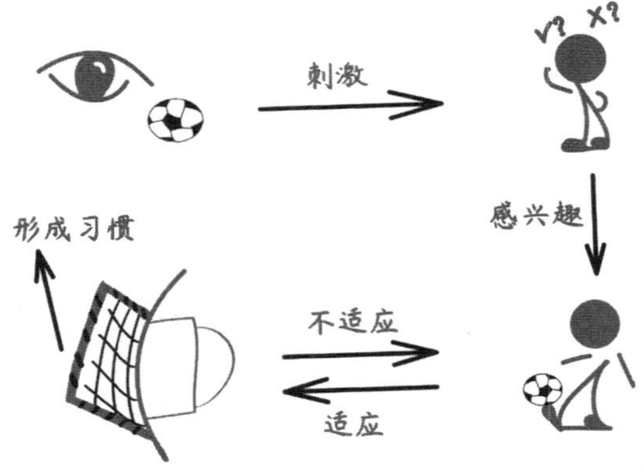

图 4–7　从兴趣产生到行为反复，最后内化成逻辑和常规行为策略的过程

例如，养育者在一开始开车出行时就要求幼儿坐安全座椅，幼儿最初可能会对安全座椅带来的新鲜刺激产生浓厚的兴趣。之后，养育者在每次出行时都会以规则的形式要求幼儿坐安全座椅。这个行为反复多次之后，幼儿就会默许“只要坐车就必须坐安全座椅”的乘车规则，并经过不断反复，逐渐将其内化为自己的行为习惯。

然而，现实生活往往比我们想象的更为复杂，行为习惯也并不是那么容易就养成。幼儿的某些兴趣持续的时间通常很短，短到养育者还没有做好引导和指导的准备就消失。养育者也可能会因此错过了关

键时期，使得幼儿就是不愿意接受安全座椅的束缚。

从发现兴趣，到行为重复，再到最后变成行为习惯，每个阶段都有可能出现意想不到的情况，使得行为和习惯培养没有办法顺利进入下一个阶段。如果有养育者适当的奖励和鼓励、及时的帮助和引导，就能加速其中某个阶段，帮助幼儿顺利进入行为习惯培养的下一个阶段，直到最终成为幼儿主动遵守并执行的行为习惯。

幼儿早期发展需建立良好的奖励机制

在正式介绍之前，我想先跟大家分享一个对我人生影响深远的奖励。

我上小学四年级时，特别喜欢钻研数学，就给当时的中国科学院数学与系统科学研究院数学研究所（以下简称“数学所”）所长杨乐院士写了一封信，讲我自己的数学“发现”。没想到，几周后，我收到了杨乐院士用数学所红色抬头稿纸给我写的回信，其中一句话令我至今难忘：“吴斌小朋友，你特别棒，要坚持发现更多的数学秘密！”

这是一份影响我至今的精神鼓励，是我从小学持续到现在坚持学术钻研的主要精神动力。如果养育者能帮助幼儿找到属于他自己的强大精神层面的奖励，就会给幼儿带来巨大的激励和帮助。

从本质上说，奖赏行为是在某一种行为后面跟随一个反馈物，以达到奖励或惩罚的效果。最为人所熟知的心理学实验是斯金纳箱，即通过人为改变给鸽子喂食的位置和次序，激励鸽子做一些特定行为。

这个与嗑瓜子类似，每次嗑瓜子的动作后面都会伴随一个吃到瓜子的奖励行为，这个行为就会不断地被正强化，即生理和心理两方面都鼓励继续发生这个行为，结果是这个行为再次出现所要耗费的资源显著减少。

在现实生活场景中，奖励和惩罚往往都需要适度，多了、少了都会产生巨大的副作用。比如，如果奖励的强度高于身体可承受的限度，或是过度奖励（即频次过高），就会逐渐演变成成瘾问题（如网瘾和赌博等行为）。这就提示我们，在为幼儿选择奖励物品时，要注意奖励物品必须是幼儿当前的生理发育可承受的，并且奖励频率不易过高。

实际上，现实养育场景中有很多隐形的奖励，养育者并没有意识到或者对其予以否认。比如，幼儿等饭哭闹时，养育者通常会给幼儿拿点饼干或零食吃。养育者可能并不会认为它们是奖励，而只是希望幼儿能安静、乖巧地等待饭做好；相反，幼儿则很可能把它们视为一种对哭闹的奖励物。现实生活中其实有很多这样的隐形奖励，不少养育者害怕奖励让幼儿变得功利，却在有意无意地用其他方式给幼儿奖励。

由此可见，良好完善的早期奖励机制对幼儿发展尤为重要。只要奖励机制对幼儿有效，“剥夺”这些奖励的效果就会远比简单的惩罚（如打、骂）的效果更好。这也是我一再和家长们强调要帮助幼儿建立良好有效的奖励机制的原因。这既能帮助幼儿学习规则、养成好习惯，又能激发幼儿发现自己的兴趣。

然而，如果早期成长没有建立起良好有效的物质奖励机制，就很难谈得上精神鼓励和奖励。因此，父母在帮助幼儿建立自我奖励机制之前，需要先通过多种方式帮助幼儿形成好的外部奖励，再逐渐增加奖励呈现的时长，或是降低呈现的频率，帮助幼儿积累经验、树立自信，以此形成好的自我奖励和精神鼓励机制。

对此，我系统地梳理了幼儿发展过程中的奖励机制，把感知世界、理解成长和适应未知三个阶段的层次分为本能奖励、外部奖励和内部奖励三个层次（见图 4–8）。

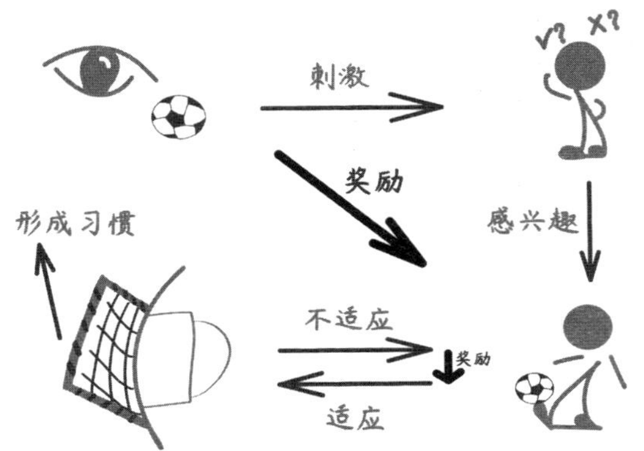

图 4–8　正确的奖励机制会加速幼儿行为习惯形成过程，错误的奖励机制则会造成负面影响

感知世界阶段：本能奖励

本能奖励，又称巴甫洛夫奖励，属于纯生理奖励。对这个阶段（通常在一岁半岁之前）的幼儿，奖赏物和幼儿的生理需求息息相关。

比如，饿了有奶喝、有饭吃，困了可以安心睡觉，这个过程与巴甫洛夫“训狗”相似。这些纯生理奖励和养育者提供的环境有很大关系，养育者最需要做的是，尽可能为幼儿提供丰富的环境刺激，包括但不限于声音、图形符号等听视觉刺激，触摸安抚等感触觉刺激等。

对于这个阶段的幼儿，养育者的奖励（满足）原则是，尽可能满足幼儿的需要，但需要通过日常互动了解幼儿的发育规律和特点。比如，幼儿在什么时候会想睡觉，多长时间会感到饿，可以在安抚幼儿的同时给他喂食。

理解成长阶段：外部奖励

外部奖励，又称斯金纳奖励，属于物质奖励。对这个阶段（通常在一岁半至两岁半）的幼儿，养育者要满足幼儿的生理与心理需求。比如，幼儿想要某物或做某事，如果养育者为幼儿呈现反馈或奖励，幼儿就会愿意按照养育者要求的去做。

对这个阶段的幼儿的培养过程和斯金纳训练鸽子行为的过程类似，也是每个人早期成长的必经之路。因此，对一岁半至两岁半的幼儿，要多通过及时和可见的日常奖励物品（如牛奶、水果等），调动他们做某些事情的积极性，通过及时奖励帮助其学习规则、养成良好的生活习惯等。

适应未知阶段：内部奖励

内部奖励，又称马斯洛奖励，属于自我奖励阶段。对这个阶段（通常为两岁半之后）的幼儿，养育者奖励他时，要使其从生理和心理需求得到满足逐渐变成纯精神需求。

比如，幼儿哭闹想要被抱着走，可以蹲下来给幼儿制定一个可以实现的小目标，和幼儿一起努力实现。坚持和实现小目标的过程是积累经验和自信心的过程，完成后需要及时给幼儿提供奖励和赞许。

之所以在两岁半以后才会逐渐出现这种内部奖励，主要是因为幼儿到了两岁左右，自主意识和自主意愿会快速发展，并逐渐成为幼儿日常生活选择的主要来源。比如，幼儿在学会走路之后往往会想偷懒或是“欺负”养育者，让养育者抱着。

幼儿到了两岁半后遇到这类问题，就不能用简单的“抱”或“不抱”来解决了，而要鼓励幼儿先自己走一小段，再以抱着他走一段作为奖励。走一段、走多远，这类小目标是需要养育者在亲子互动时帮幼儿选择和设置的，并且越简单直观越好。

正如著名的马斯洛需求层次理论讲到的那样，人的最高需求是“自我实现”的过程。养育者在亲子陪伴时，不断地为幼儿设置可实现的小目标，和幼儿一起去完成小目标，让幼儿在完成后得到赞许和奖励，这个过程既增加了亲子互动质量，又能帮助幼儿形成自我奖励的机制。

与此同时，幼儿也能在一次次亲子互动中理解，哭闹并不一定能解决问题，并不是只有“被抱”和“没被抱”二元结果，还存在靠自己努力，或是和养育者“沟通谈判”等结果。

建立健康有效的奖励机制，帮助幼儿养成好习惯

我们在追踪过程中发现，不少养育者在没有给幼儿建立起良好有效的奖励机制之前，会频繁使用打、骂和关禁闭等惩罚方式让幼儿“乖巧”和“听话”。

我们在对采用这种养育方式的家庭进行持续追踪后发现，这种严厉的惩罚方式不但不会对幼儿学习规则有实质性的帮助，反而会给幼儿造成很多情绪、情感发展方面的问题，甚至可能会影响幼儿社交和语言能力的发展。

其实，养育者需要先帮助幼儿建立健康有效的奖励机制，引导和鼓励幼儿学习规则，养成好的习惯。如果遇到棘手的问题，那么养育者至少可以在严厉惩罚之前，取消一部分原本给幼儿的日常奖励作为警告。而且，惩罚的方式也不是简单的打和骂。

其实，在现实养育场景中，奖励和惩罚是相辅相成的。一些养育者会用各种惩罚措施（如打骂）让幼儿听话或懂事，也可以将此视为养育者树立权威的过程。现实情况往往是，这样做极容易造成以下两种极端情况：

★ 幼儿被打“皮”了，惩罚措施失去效果；

★ 幼儿被惩罚怕了，产生习得性无助或应激障碍。

这主要是因为过早使用惩罚会给幼儿的行为发展造成不可逆的破

坏。一方面，过早使用惩罚，会让幼儿更容易在生理上产生应激反应（如恐惧和害怕），从而变得畏首畏尾；另一方面，幼儿还没有形成稳定的行为模式和策略，对惩罚的认识和理解充满不确定，养育者所认为的惩戒在幼儿看来可能只是在和他玩游戏或是闹着玩。

由此可见，养育者应该帮助幼儿建立良好有效的奖励机制，即通过日常奖励和刺激物激发幼儿兴趣，吸引注意力，引导和鼓励幼儿完成一些行为和动作。

与奖励机制同样重要的是，惩罚措施也是外部纠错的主要来源，二者都是每个人行为发展和习惯养成的主要方式。理解规则和约束以及被惩戒，都是需要幼儿后天学习和掌握的，但方式方法不能太激进。

科学合理的方式是，先帮幼儿建立良好的奖励机制，再通过取消或部分取消奖励物品来让幼儿更安全合理地感受和理解失去，进而体验到被惩罚。不建议使用谩骂指责，或者打手、打屁股这种极端的暴力和惩罚，这只是养育者在宣泄自己的愤怒，这不仅会让幼儿承受不了，而且会使其无法理解自己错在哪里。

这也提醒我们，养育者完全可以通过适当的奖励机制（不需要惩戒）来帮助幼儿养成良好作息习惯和生活习惯。需要特别注意的是避免甜食的滥用。奖励物品不能过于频繁使用，更不能刻意增加奖励物品的刺激强度，否则奖励物品给幼儿带来的生理刺激会逐渐趋于平缓，然后失去效用。

如果盲目增加奖励物品的刺激程度（如过早让幼儿频繁接触电子产品、巧克力和冰激凌等会带来较强生理刺激的奖励物品），就会让其他低感官刺激的奖赏物对幼儿失去作用。这会在无形中人为地破坏幼儿早期的奖励系统，进而严重影响其良好行为习惯的建立和形成。

举例来说，如果养育者希望可以培养一岁多的幼儿自主进食，那可以选用其喜爱吃的水果（如香蕉）作为奖励物品。为幼儿备好一勺饭菜，鼓励其独自完成一次自主进食，完成后就可以吃一口香蕉。幼儿通常都会开心地照做。接下来，如果继续是吃一口饭奖励一口香蕉，就会让香蕉的奖励效果降低，也无法让幼儿养成自主进食的习惯。这时，养育者需要制定新的规则，并延长发放奖励物品的时间间隔。比如，先是鼓励幼儿吃三口，稍后是鼓励幼儿吃五口后才可以获得奖励，以此类推。

每个幼儿都不一样，兴趣点和偏好都极不相同，要视幼儿的主观意愿程度来调整奖励物品呈现的频率，过快呈现或让幼儿过久等候都会令幼儿失去耐心和兴趣。不过，至于多长时间、频率为多少是合适的尚无定论，因为个体差异巨大，家庭环境差异巨大，养育方式也各有不同，需要养育者自己多去尝试和互动，才能发现适合自己孩子的策略。

如果能帮助幼儿建立良好的奖励机制，只要剥夺奖励物品就能起到极好的惩罚作用，效果往往比单纯的惩罚（如打骂）更好，对幼儿也不会造成很大伤害，还能以此鼓励幼儿为获得下一次合理的奖励和肯定而努力和坚持。

奖励物品的选择

要基于幼儿的偏好来选择奖励物品。比如，钱对于大部分人来说都是极好的奖励物品，但婴幼儿尚不清楚钱是什么。因此，钱对婴幼儿并不会起到奖励作用。不过，可以用间接的方式让幼儿了解钱的作用。比如，让幼儿明白可以用通过付出劳动而获得的钱来购买物品，要珍惜钱，更要珍惜别人的劳动成果。

制定好的外部奖励措施是帮助幼儿培养更好的自我奖励能力的必

经之路。简单来说，那些在成长早期建立起良好的物质奖励机制的幼儿，更有可能随着成长而逐渐找到自己的兴趣和志向，形成物质和自我奖励相结合的成长过程。

需要强调一点：奖励不等于给幼儿最好的玩具或是好吃的，而是为幼儿呈现能给他带来快乐和欣喜的东西。好的奖励可能只是养育者的一个点头微笑，也可能只是一句“宝贝真棒”。千万不要对奖励机制带有偏见。

选择奖励物品的原则

原则 1：是否对幼儿身体有益

是否对幼儿身体有益，是给幼儿选择奖励物品最基本的原则。这一类的奖励物品可以是水、牛奶、鸡蛋、酸奶、DHA、维生素、水果、蔬菜等。通常需要在幼儿做完某个行为后，再为幼儿呈现奖励物品。

你是否会感到好奇，水、牛奶和鸡蛋等必需品怎么能作为奖励呢？在培养幼儿过程中，经常会遇到幼儿不喜欢喝水、喝牛奶等情况，此时需要养育者把这些生活必需品变成一种奖励的物品，让幼儿更愿意喝水或喝牛奶。

养育者对日常生活必需品的呈现方式、描述方式的不同，会给幼儿带来不一样的体验和感受。比较简单的操作是，当幼儿做出了好的行为或是独自完成了某个小任务后，可以带幼儿找一些好吃或是好喝的，把这类生活必需品作为惊喜和奖励，和幼儿“抢”着吃或喝。

原则 2：是否有更好的替代物

除了要考虑是否对身体有益，还需要考虑是否有更好的替代物。比如，可以将给幼儿吃甜食的奖励替换成酸奶、水果或维生素糖果。

在幼儿两岁前，电子产品（手机和电视等）的奖励完全可以被替换为亲子绘本阅读或有声故事，因为电子产品对幼儿弊大于利。因此，在为幼儿选择奖励物品时，需要考虑有哪些既能满足幼儿的需求，又可以更好地保护幼儿身心发展的替代物品。

原则3：是否及时调整和更换

由于幼儿的早期成长变化特别快，在几个星期内遇到的问题可能都很不一样，因此养育者需要及时调整奖励规则或更换奖励物品。不要指望在复杂多变的幼儿期，一个奖励措施就能一直有效。

及时调整奖励规则和更换奖励物品，其实既和幼儿阶段发展速度极快有关，也和生理刺激带来的奖励效果会逐渐失效有关。

甜食在最初可能会对幼儿很有效果，但随着摄入的量增大，同样的东西会逐渐失去奖励的效果。此外，随着幼儿记忆力越来越强，认知能力快速提升，会想尽办法“偷懒”或是找奖励规则漏洞，甚至常常会故意哭闹“要挟”。对此，养育者需要及时发现幼儿的变化和成长，优化和改变奖励幼儿的办法。

比如，幼儿在一岁前后，养育者需要立即给幼儿奖励才能减少哭闹的次数；幼儿到了两岁左右，养育者需要把奖励的东西尽可能地放在幼儿的视野内才能起到很好的奖励效果；幼儿到了三岁之后，养育者无须把奖励物品放在幼儿的视野内，但需要兑现给幼儿的奖励承诺。这些都与幼儿的早期发展特点息息相关。

第三部分

幼儿习惯和能力培养

第5章

幼儿日常生活习惯培养

我们追踪观察发现，不少养育者抱着“迟早都能会”的心态来面对复杂多变的幼儿习惯培养。事实上，养育者应根据幼儿的发展规律和差异性，并结合家庭实际情况，在合适的时间教授幼儿相应的能力，用科学的方法培养幼儿日常生活习惯，减少不必要的亲子冲突，少走不必要的养育弯路，帮助幼儿发现兴趣，树立自信，获得更好、更全面的早期发展。

作息习惯培养

案例

两岁八个月幼儿，早上八点多醒来，运动量很少。最近中午无论怎么哄睡都不行，晚上八点多就困，有时候太困却又因睡不着而挣扎，每次一关灯都要玩小夜灯，头盖住被子说是在玩帐篷，不让玩就大喊大叫，让家长感到很崩溃。

如果午睡了，幼儿晚上就会到了很晚（基本上是晚上11点）才睡着，家长感到好累。

奶舅分析

幼儿晚上就是不睡觉，必须要做一些睡前的互动或游戏，否则就会大哭大闹，这种现象应该在绝大部分家庭中都出现过。

有的养育者可能会强制性地要求幼儿在睡前不许玩，必须安静睡觉；有的养育者则不知所措，不得不顺着或迁就幼儿的意愿和想法。

在上述案例中，幼儿两岁多，正如我一直强调的，幼儿的自主意识在两岁左右会越来越强，很多行为和习惯都是受幼儿的主观意愿决定的。就像在这个案例中的幼儿，关灯了就是不睡觉，必须要躲在被子里“玩帐篷”，不让玩就会大哭大闹。这时，很显然，幼儿的主观意愿和养育者的想法出现了分歧。

如果单独看幼儿关灯后躲在被子里玩帐篷游戏，会觉得这是一个很温馨有趣的亲子互动画面。可是，如果这个行为发生在比较晚且需要休息的时候，就会变成一场亲子大战。因此，在探讨幼儿的问题时，不能将养育环境理想化，而要具体情况具体分析。

面对上述案例描述的情况，养育者通常会有以下两种处理方式。

强制禁止睡前游戏

我将这种比较简单直接的方式称为“直接戒断”，其实在操作时会很考验养育者的耐心和决心。这是因为任何限制幼儿的规则都很容易引起幼儿的强烈反抗，其最直接的反抗方式就是大哭不止。很多养育者在看到幼儿哭后，要么失去了耐心，要么变得心软，从而随幼儿的意愿去了，因此，很难将这样的规则作为幼儿认可和遵守的家庭规则，幼儿通常会通过大哭大闹一场甚至是对抗很多天的方式去应对它。

对此，养育者在幼儿哭闹时，需要对幼儿表现出明确和坚决的态度，让幼儿知道这个规则是必须遵守的，即使哭闹也没用。

不少养育者可能会觉得这种方式对幼儿不太友好，自己也狠不下心，那么不妨试试第二种方法。

限制幼儿的时间，到时间后明确禁止

我将这种方式称为“间接戒断”，这种方式操作起来复杂，很考验养育者的随机应变能力。具体做法是，养育者和幼儿提前协商好规则，关灯后可以在被子里玩小夜灯，但是只能玩五分钟。养育者或幼儿在玩之前定好闹钟，时间一到就必须收起来安心睡觉。

不过，这种方法操作起来会很复杂，需要养育者和幼儿博弈一段时间，才能逐渐让幼儿接受和遵守新的家庭规则。主要思路就是养育者在这个过程中可以适当妥协，但限度必须明确。

奶舅温馨提示

无论养育者采用直接还是间接的方式，原则上都是要给幼儿一个明确的行为终止信号。直接的方式是“明令禁止，幼儿认可”，间接的方式是“给幼儿一个缓冲的机会，再禁止”。

养育者大可不必觉得明令禁止就是对幼儿残忍，是一种不好的行为。幼儿和养育者之间是一种依附关系，养育者需要把好的行为习惯（包括良好的作息习惯）通过各种方式（包括明令禁止和自由探索）传授给幼儿。

不同年龄段的婴幼儿，培养其睡眠习惯有何不同

需要先明确两点。

第一，养育者培养幼儿的睡眠习惯是一个比较复杂的系统工程，早培养就会相对容易一些，等幼儿到了两岁之后再去培养就会比较辛苦和麻烦。

第二，养育者需要知道幼儿的睡眠时间受生理发育的影响，婴幼儿阶段的睡眠时间随年龄增加而逐渐减少，即年龄越小睡的时间越久，随着年龄增加，睡眠时间会越来越少，最终在三岁以后睡眠时间趋于稳定，通常为 8~10 个小时。

养育者需要在幼儿睡眠时间较多的时候对幼儿进行一些引导和帮助，这样才更有希望在幼儿两岁左右自主意识变强之前，帮助幼儿养成比较规律的睡眠习惯。如果等到幼儿睡眠时长快速减少的阶段再去培养，那就会比较棘手难办了。

幼儿会在一至两岁这个阶段，睡眠时长大幅度减少，自主意识越来越强，对养育者而言属于“腹背受敌”阶段。客观上，幼儿的睡眠时间缩短了；主观上，幼儿更容易受自己心情和环境的影响。两者相加，就会使得培养幼儿的睡眠习惯变得特别困难。

帮助不同年龄段的婴幼儿培养睡眠习惯的侧重点是什么呢?

一岁之前，主动提前干预和辅助

一岁之前，幼儿睡眠时间多，养育者需要趁此阶段主动提前干预和辅助幼儿睡眠。

养育者在此阶段的基本原则是，通过日常观察，充分了解幼儿的睡眠周期，再根据幼儿的睡眠周期，提前在幼儿醒来时用抚摸的方式帮助其进入下一个睡眠周期。

养育者在刚开始时会比较辛苦，但从长久来看，这会非常有助于帮幼儿养成良好的睡眠习惯。在幼儿养成了良好的睡眠习惯后，养育者就能轻松一些。

一至两岁，设置好睡觉规则

一至两岁是幼儿学习家庭规则的关键阶段，因为幼儿在这个阶段，自主意识会逐渐变强，和养育者的冲突矛盾会增加。

因此，养育者在这个阶段需要给幼儿设置好明确的睡觉规则。比如，要求幼儿必须在什么时间上床，什么时间必须关灯，睡觉时不可以拿玩具上床等明确且严格的规则。只要养育者明确并坚持执行规则，幼儿就能很容易地遵守和认可规则。

在与幼儿关灯上床睡觉后，养育者可以尝试不出声地抚摸幼儿，主要是头部和背部，也可以尝试在幼儿身后深呼吸，模拟睡觉时的呼吸节奏。处于这个阶段的幼儿，会学习和模仿养育者的各种行为。养育者持续深呼吸能让幼儿听到或感受到，并随之学习模仿，逐渐通过呼吸调整进入睡眠模式。

两岁之后，用适当的缓冲方式鼓励幼儿自主睡觉

两岁之后，幼儿的自主意识会变得越来越强，睡不睡觉不再完全取决于困不困、累不累，而是想不想睡。因此，幼儿常常已经精疲力竭，但就是不想去睡，还要继续玩耍，这个时候极容易出现闹情绪的情况。

要是在两岁之后帮幼儿培养睡眠习惯，就不能只用规则约束了，而是要用各种折中或缓冲的办法，避免和幼儿发生直接冲突。

比如，可以引入竞争的方式，养育者和幼儿比赛谁先上床，谁先盖好被子，讲完故事谁先不说话睡着，通过比赛的方式调动幼儿自主睡觉的积极性。因为在两岁之后，幼儿的竞争意识会越来越强，借助比赛的方式能更容易地让幼儿参与其中。

养育者也可以跟幼儿提前沟通或谈判，商量一些奖惩措施，鼓励幼儿自主睡觉。如果在上床后，亲子互动或玩耍的时间太长不可控，养育者就需要给幼儿设置闹钟，用明确的时间规则做缓冲。这样既让幼儿享受了互动和游戏时间，也设定了亲子间都要遵守的明确规则。

不管是培养能力还是生活习惯，幼儿在不同年龄阶段遇到的问题

都是极不相同的，养育者要基于幼儿的发育和发展特点，做有针对性的引导和帮助，才更有希望帮助幼儿掌握或养成更有利于其长远发展的能力和习惯。

培养良好睡眠习惯的方法

在众多生活习惯中，睡眠习惯应该算是最基础但又最难培养的。的确，养育者培养幼儿睡眠习惯的过程是很复杂的，受幼儿个体差异和养育者的经验技巧的制约，操作起来很困难。我们从战略和战术层面总结了以下四种培养良好睡眠习惯的方法。

提供舒适的睡眠环境

为幼儿提供舒适的睡眠环境，是最简单基础的办法。养育者要多观察幼儿睡觉时的各种反馈，为确保幼儿的睡眠环境舒适，需做到以下几方面：

★ 调整枕头的大小、高度、柔软度等；

★ 提供柔软、舒服的被子或毯子；

★ 无论是晚上还是中午睡觉，都要提前给睡房拉上窗帘，让环境昏暗，易于睡觉。

控制午睡时长

幼儿晚上的睡眠通常很难调节，因为养育者也需要获得充足的休息。因此，在为幼儿培养良好的睡眠习惯时，养育者需要将更多的关注点放在午睡上。

比如，控制幼儿的午睡时间，不要让幼儿睡太久。养育者可以在幼儿进入浅睡眠时把幼儿叫醒，而不是等幼儿睡到自然醒。午睡时长不宜超过两小时（以实际睡眠时间来计算）。

注意叫醒幼儿的方式方法

无论是在早上还是中午醒来，幼儿都多少会有一些起床气，或者感觉很懵。这时，养育者切勿着急把幼儿叫起来做其他事情。比较好的方式是，养育者提前备好一些有味道的维生素糖、DHA、酸奶、水果（如香蕉、橘子）等，慢慢抚摸幼儿的头和身体，然后把吃的喂到幼儿嘴里。这个过程不仅能给幼儿起床起到缓冲作用，还能通过有味道的东西唤醒幼儿。

接下来，养育者不能着急地把幼儿拉起来或抱起来，否则幼儿很容易会闹情绪或撒娇，而应该和幼儿一起趴在床上聊一会儿天，通过观察发现幼儿的意识清醒了，情绪稳定了，再一起比赛起床或是去做幼儿很感兴趣的事情。

养育者叫醒幼儿的方式在很大程度上会影响幼儿睡醒后的行为和情绪，也会间接影响下一次睡觉的情况。养育者需要特别注意叫醒幼儿的方式方法。

合理分配幼儿活动的时间和方式

除了环境和技巧，养育者还需要对幼儿日常生活的活动做规划和分配。

在幼儿睡觉前的两个小时内，养育者要减少为幼儿呈现新鲜事物，不要和幼儿做太多容易兴奋的活动和游戏，而是做一些比较简单重复的互动，让幼儿的情绪保持稳定。在其他时间段，养育者多带幼儿做运动量大的活动，集中时间让幼儿“放放电”。这些需要养育者根据自己家庭的实际情况以及幼儿的个体差异，提前制定好活动方案。

养育者帮助幼儿养成良好的睡眠习惯，是一个复杂的系统工程，没有速成的办法。既要遵循客观的规律，又要根据自己家庭和幼儿的特点，如此才更有可能找到适合幼儿的策略和办法。

吃饭习惯培养

案例

一个近三岁的小男孩，如果养育者在饭前1~2小时内不给他零食，他就愿意吃饭。吃饭时，这个小男孩有时自己吃，有时要人喂。养育者通常会让他自己先吃，等不愿意吃了，养育者也不去喂他而是让他去玩，期间不给零食，他等饿了就会回来继续吃饭。如果吃得少，就多吃几顿来弥补。他在上托班时，也是自己吃饭。

但是在奶奶家，这个小男孩就必须边看手机，边让奶奶喂饭。他一到奶奶家，就像孙悟空回到了花果山，变得无拘无束。

奶舅分析

针对上述案例，我们要先来分析养育环境，我们在做咨询的时候一定会要求咨询对象填写养育环境的数量。上述案例中存在两种养育环境，而且幼儿在不同的养育环境和养育者面前会表现出两副模样。

这种情况在幼儿两岁之后会很常见，幼儿会在这个时期形成多种应对策略来适应不同的人和环境。幼儿在不同的环境中表现出不同的样子是其社会适应能力发展良好的标志，无须过于担心；相反，如果两三岁的幼儿在任何环境中都表现得一个样，才应该引起养育者的注意和警惕。

对于两三岁的幼儿，在不同场合和不同人面前表现出多副面孔并不是坏事，因为在不同养育环境中，规则是不同的，无论是谁都无法做到让所有环境的规则都与家里的一致。因此，这个案例中的小男孩出现这些情况是很正常的。

此外，在有老人的养育环境里，普遍会存在“逆来顺受”的养育应对策略。这不仅是因为老人的精力、体力有限，还因为跟幼儿博弈的过程会很考验人的耐心和脑力，这些都是老人较为欠缺的。关于吃饭的问题，对老人（或保姆）来说，喂饭是最省心的。

接下来，我们来分析这个案例中的多餐策略。养育者在幼儿不愿意吃后就将饭拿走，这个策略对两至三岁的幼儿来说是比较好的，因为随着幼儿自主意愿的增强，吃不吃饭往往和幼儿愿不愿意有很大关系。不过，这样做所存在的一个问题是：幼儿饿的时间间隔很难控制。幼儿饿肚子的情况可能会与其睡觉时间冲突，造成幼儿作息变得不规律，进而又影响吃饭的时间和饿肚子的周期。

多餐弥补策略落实起来会遇到很多问题和麻烦，而且很难让幼儿认同吃饭规则。既容易操作又不影响作息习惯的做法是，如果幼儿上一顿不吃或吃得少，那么养育者可以在下一顿正常饮食的前提下，给幼儿加点水果和酸奶。

简单说就是，尽量要固定吃饭时间，让幼儿去适应和接受。养育者要做的是控制每顿饭的食物的数量和种类，通过增减幼儿喜爱吃的食品来调动其吃饭的积极性。

奶舅温馨提示

对于幼儿的成长问题，我们不能完全抛开现实环境和人性问题来探讨，而是要带着理解和宽容的心态来看待老人的“溺爱”。很多时候，不是他们溺爱，而是老人确实很辛苦，“逆来顺受”是比较省心省力的策略，如果用针对年轻人的要求来约束老人就很不现实。

如何培养自主进食能力

关于幼儿自主进食能力的探讨通常发生在其一岁半之前。对其自主进食能力和技巧的培养，基本发生在六个月至两岁多。如果幼儿过了三岁还没有掌握这方面的能力，那就比较麻烦了。因为幼儿在这时通常要进入幼儿园过集体生活，老师无法顾及每个幼儿的能力发展，所以最好在家里完成自主进食能力的培养。

养育者需要注意，以下两个阶段的侧重点有所不同。

6~12 个月

这是让幼儿形成认同和养成习惯的最佳阶段。最主要的原因是幼儿的自主意愿还没有形成，与外界的互动方式主要是观察和模仿，对于新奇的事物普遍是直接接受的态度。此外，这个阶段的味觉发育还没有成熟，大部分幼儿都是给什么吃什么的状态，对食物没有特别明显的偏好。

养育者需要在吃饭的时间，把幼儿放在其餐椅上玩耍或观察大家吃饭。这样有利于帮助幼儿形成到点吃饭的早期习惯和意识。此后，让幼儿坐餐椅吃饭的难度就不是很大了。以玩耍和娱乐作为切入点，主要目的是让幼儿形成与“坐自己位置”“用自己的餐具进食”等规则的自然联系，为后面的自主进食打下良好基础。

12~18 个月

处于这个阶段的幼儿基本具备了自主探索的能力，从爬行逐渐过渡到自由行走阶段。幼儿逐渐形成了各种视觉、形状类的偏好，再加上味觉发育逐渐成熟，也形成了口味偏好，挑食的问题由此会变得普遍且令养育者头痛，自主吃饭的问题也会变得复杂起来。

对此，养育者要做好心理准备，最常见的问题就是幼儿会把餐桌搞得很脏。比如，幼儿会拿勺子敲桌子和餐具，捏饭团丢到地上，把勺子或碗丢到地上听声响等。

对于养育者来说，这些困难远比教幼儿完成“舀饭 – 喂饭”这个动作大得多。因此，养育者在这个阶段最主要的策略就是要主动锻炼自己的忍耐程度。当幼儿“搞破坏”的时候，养育者既要能沉得住气，还要能从容淡定地和幼儿一起“打扫战场”。

此外，养育者还要帮助幼儿降低自主进食动作的难度。比如，在最开始对幼儿进行自主吃饭训练时，养育者可以先舀一小勺饭并压实，鼓励幼儿自己把勺子里的饭吃到嘴里。这么做就能帮助幼儿简化自主进食的动作，因为用勺子舀饭这个动作是最难的，需要放在最后来教。

在幼儿可以熟练拿起填满饭的勺子放到嘴里后，养育者再去教幼儿如何舀饭。舀饭这个动作涉及手指、手腕和手臂的发力技巧，需要养育者多给幼儿演示和指导。还要提醒的是，在这个阶段给幼儿放勺子的时候，建议左右两边交替放，帮助幼儿锻炼左右手。

如果能做到以上这些，那么幼儿在一岁半之前，极有可能具备自主进食的能力。

如何调动幼儿吃饭的积极性

一岁半之后，尤其是到了两岁之后，幼儿的自主意愿会逐渐占据行为选择的主导地位，一部分幼儿会表现出“偷懒”的行为，养育者开始为幼儿的吃饭问题感到头疼。由于这个阶段的幼儿自主意识增强，偏好也会越来越明显，因此，养育者需要通过各种办法来调动幼儿自主吃饭的积极性。

我将调动幼儿（一岁半至三岁多）吃饭积极性的方式和策略分为以下三类。

角色扮演类

角色扮演类策略是把吃饭的行为变为情景互动。养育者可以通过以下方式引导幼儿吃饭：

★ 把吃饭的动作想象成挖掘机铲起东西，然后运送到嘴里；
★ 把肚子想象成一个小动物，幼儿需要给它喂食，它才能活下去；
★ 扮演“过家家”吃饭。

谈判类

谈判类策略是和幼儿进行讨价还价或条件交换。比如，养育者可以这样说：

★ 你把这口吃了，就给你吃别的好吃的；
★ 你不吃，我就不给你 ××；
★ 我吃一口，你吃一口；
★ 我们来比赛，看谁先吃完。

迎合偏好类

迎合偏好类策略的思路是迎合幼儿的喜好，有两种技巧。

★ 迎合颜色和形状偏好，即养育者准备两套颜色和图案有差别的餐具，不定期给幼儿更换使用。
★ 迎合成就感和完成任务的快乐，即每次吃饭，养育者给幼儿盛饭只盛到碗的三分之一处，这样能让幼儿在吃完饭时获得明显的反馈。如果饭太多，幼儿吃了半天发现碗里还有那么多，就会大大降低积极性。

自主排便习惯培养

案例

21个月的小女孩，不喜欢穿脱纸尿裤，即穿上去后不愿脱掉，脱掉后又不愿意穿上。而且，她在脱掉后会拒绝自主排便。她可以蹲着大便，但是对小便没有什么意识，也不肯用小马桶。

奶舅分析

这是一个小女孩遇到了纸尿裤障碍的案例，养育者对此感到不知所措。小女孩快两岁了，长时间穿纸尿裤，对小便没什么意识，也不愿意使用小马桶。这个小女孩体现出了有纸尿裤障碍的幼儿的特点：对自己的排便行为没有认识和“预警”，不愿意穿脱纸尿裤，脱掉后会拒绝自主排便。

原因在于，幼儿因长时间穿纸尿裤而无法系统观察和学习自己的排便行为，导致一部分幼儿对纸尿裤产生了严重的依赖。如果脱离了纸尿裤，幼儿就会出现明显的焦虑情绪和抗拒行为。

养育者在刚遇到这种情况时，往往会因为幼儿“还小”而选择回避和妥协，让幼儿始终穿着纸尿裤，这就会把小问题拖延成越来越难解决的问题。比如，在上述案例中，小女孩已经出现了拒绝使用小马桶的行为。当幼儿产生了强烈的抵触情绪和明确拒绝自主排便的行为时，如果养育者引导不得当，就会让亲子间的矛盾冲突快速升级。

其实，幼儿出现这种明确拒绝坐小马桶的行为，与幼儿自主意识爆发有很大关系。前文讲过很多次，幼儿通常会在一岁半至两岁半时自主意识爆发，自主意愿逐渐变成幼儿日常行为的主导，和养育者之间的矛盾冲突也会增多。

这样就不难理解在上述案例中，这个小女孩为什么会拒绝使用小马桶了。如果在幼儿一岁半之前，养育者和幼儿经常玩坐马桶的互动游戏，并在日常生活中反复示范，那么在幼儿自主意识爆发的阶段就能更容易地接受小马桶了；相反，幼儿会很难接受这种陌生且拘束的物品。

奶舅温馨提示

这个案例也提示我们，养育者要多关注和关心幼儿的自主排便。纸尿裤虽然给人们带来了巨大的便利，但也引发了新的问题。养育者在享受这种轻松和便利的同时，也要了解幼儿的发展特点，及时引导和帮助幼儿掌握自主排便的基本生存技能，避免出现纸尿裤障碍现象。

幼儿在自主排便前会经历哪些阶段

幼儿自穿上纸尿裤到学会自主排便、完全脱离纸尿裤，平均会经历 2~3 年，最长的要达到 5~6 年。

自主排便是成年人每天都会经历的极为普通的事情，但对于低龄的幼儿来说并不是那么简单和容易。甚至有不少幼儿需要克服重重困难，才能掌握自主排便这个基本的生存技能。

这也和物质生活极度丰富有一定关系，纸尿裤的便利反而导致不少幼儿和养育者都产生了明显的依赖。养育者因纸尿裤方便和易清理而对其产生依赖，这在无形中大大减少了幼儿学习和系统观察自主排便的机会，这会让幼儿对排便产生抵触情绪和恐惧心理，为幼儿和养育者带来了不小的压力和困扰。

要想让幼儿更顺利地克服纸尿裤障碍，培养自主排便能力，就需要养育者根据幼儿发展规律有针对性地进行训练和培养。

感知世界阶段（一岁半之前）

养育者可以尝试为幼儿解开纸尿裤，让其观察排尿过程，方便后续自主排便意识的培养。之所以对纸尿裤有依赖，主要是因为幼儿对排尿过程没有观察和认知，因此解开纸尿裤排便会引发其抗拒或使其受惊吓。

养育者在这个环节最需要做的是时不时地给幼儿脱掉纸尿裤，让幼儿观察自己的排便过程，对自己的排便行为有系统观察和认知。

如果养育者能在这个阶段的末期主动帮幼儿脱掉纸尿裤，引导和鼓励其使用其他替代的排便工具（如小便器、小马桶或小马桶垫），就能有效减少幼儿出现纸尿裤障碍的概率。

理解成长阶段（一岁半至两岁半）

在这个阶段，养育者需要鼓励或要求幼儿主动报告排便需求。养育者也可以多观察幼儿每次排便时的行为特点，并鼓励幼儿主动报告，引入小马桶和/或小便器，让幼儿了解和控制自己的排便行为。注意，无论是网购还是线下购买，最好让幼儿挑选自己喜欢的小马桶和/或小便器，增加其参与感和配合程度。

比如，鼓励幼儿在想小便时告知养育者“我要尿尿”。最开始，很可能是幼儿刚给养育者“预警”完就尿出来了，这很正常。幼儿在后续还要进行大量的身体控制的练习。

适应未知阶段（两岁半之后）

在两岁半之后，幼儿不得不适应大量陌生的环境。比如，从熟悉的纸尿裤到有些冰凉且陌生的马桶，从熟悉的家庭环境到商场、学校里陌生的卫生间。这个阶段需要幼儿战胜自我，适应未知和陌生。

养育者在这个阶段可以把排便过程想象成可以互动玩耍的游戏（如“臭屁屁跳水”游戏，或是大便后可以得到贴纸奖励等），以调动幼儿的积极性。

然而，现实养育场景中，由于幼儿在前一个阶段还没有学会“预警”，也没有经过学习和大量练习掌握控制排便行为，导致幼儿不得不继续长时间使用纸尿裤，部分幼儿在三至五岁还长时间使用纸尿裤，出现了纸尿裤障碍。看似不严重的自主排便问题其实会给不少家庭带来困扰和麻烦，需要引起重视。

如何帮助幼儿学习自主排便

如果幼儿在感知世界、理解成长、适应未知阶段都顺利度过，没有出现问题，他们通常就能很好地掌握自主排便的能力。很多幼儿在一岁半左右就可以学会使用其他替代工具完成排便，这个时间也是养育者尝试主动帮幼儿脱掉纸尿裤比较合适的时机。

然而，由于养育者的疏忽、纸尿裤的便利等多方面原因，使得不少幼儿没有顺利度过上述三个阶段，出现了不同程度的纸尿裤障碍。这就需要养育者及时发现和引导。

当然，幼儿通常可以在四五岁之后完全掌握自主排便，少部分幼儿会在夜间尿床。我们并不鼓励一直给幼儿穿着纸尿裤到这个年龄，一方面是会因养育者偷懒而导致幼儿自主排便学习出现各种问题；另一方面是这个年龄的幼儿不得不脱离仅有养育者看护的环境，去接触很多成年人和同龄人，他们对幼儿穿戴纸尿裤的评价和判断可能会影响到幼儿，这些是养育者并不容易知晓的。

我们在过去四年对近两百个幼儿及其家庭观察和追踪发现，幼儿通常存在以下三种不同程度的纸尿裤障碍。

拒绝自主排便，穿上不愿意脱下来

出现这类现象的幼儿最为普遍，幼儿对纸尿裤形成了明显的依赖，必须要穿着纸尿裤才能安心顺利地完成排便，否则就会哭闹不止，或是恐惧发抖。

当观察到幼儿出现拒绝自主排便、不愿意脱下纸尿裤的情况时，养育者至少需要做以下两件事情：

★ 给幼儿做持续的心理建设，帮助幼儿从心理层面接受自主排便；
★ 需要有同性养育者做大量互动和示范。

只要养育者耐心示范和帮助幼儿进行心理建设，多观察幼儿排便时的神情和行为特点，及时关注和鼓励，大部分幼儿就都能逐渐克服纸尿裤障碍，学会自主排便。

惧怕进卫生间、拒绝坐马桶

惧怕进卫生间、拒绝坐马桶的幼儿，通常是因为环境记忆对其产生了影响，即每次进入狭小的环境或是看到马桶都会产生明显的情绪反应和生理不适。如果幼儿出现这类情况，养育者就要先帮助其克服焦虑和恐惧情绪。比较好的引导方式是，养育者先鼓励幼儿在平时玩耍和熟悉的地方完成自主排便。养育者在如厕时可以让幼儿在一旁观察，与幼儿互动交流一些有趣的现象，吸引幼儿逐渐对卫生间和马桶感兴趣。

比如，养育者可以先坐在马桶上大便，当大便掉进马桶中发出声响时提醒幼儿，并将这个过程比喻为“臭屁屁跳水”或是“臭屁屁游泳”游戏。这样一来，幼儿就能对排便行为和坐马桶感到好奇。如果幼儿感兴趣或是对此感到好奇，养育者可以在幼儿如厕时也鼓励幼儿做这样的游戏。

幼儿既惧怕马桶和卫生间，又拒绝脱掉纸尿裤自主排便

如果幼儿既惧怕马桶和卫生间，又拒绝脱掉纸尿裤自主排便，就会让养育者特别头疼。这说明幼儿既有严重的纸尿裤障碍，又对陌生的事物有明显的环境记忆和抵触情绪，解决起来会比较棘手。如果观

察到幼儿出现这种情况，那么养育者只是帮助幼儿做心理建设或是现场示范通常都不会有什么效果，反而会对幼儿带来更大的压力。

如果幼儿出现这种最严重的纸尿裤障碍，那么建议养育者要做好打持久战的心理准备，把学习自主排便拆分成很多个小环节和步骤，从易到难，一步步地引导和鼓励幼儿完成。

比如，养育者可以先帮助幼儿适应卫生间的环境，在幼儿有了排便意愿后，可以穿着纸尿裤到卫生间里排便。在幼儿适应了卫生间的环境后，养育者可以把小马桶放在幼儿平时玩的地方，和幼儿模拟如厕的互动游戏。再之后，养育者通过为幼儿做心理建设和同性养育者示范，可以帮助幼儿完成熟悉场景的自主排便。

幼儿自主排便除了上述发展规律和应对方式，还需要特别提醒养育者以下三点。

★ **两岁左右，需要男性养育者给小男孩现场示范站着小便的过程**。如果爸爸没有做这样的示范，那么妈妈很难给幼儿做这样的示范。希望爸爸们可以在这个时候积极主动，发挥自己的作用和影响。

★ **夜间尿床的问题**。由于部分幼儿会很难分清梦境和现实，因此会出现夜间尿床的现象，甚至可能会有部分幼儿将这个问题持续到青春期。养育者需要做的是，帮幼儿养成睡前两小时少喝水、临睡前排尿的习惯。如果幼儿经常尿床，养育者就要提醒幼儿在想尿尿时主动告诉大人，这样就能从行为反馈方面为尿床增加了难度，从而降低尿床的可能性。

★ **坐便和蹲便转换，需要一个适应和接受的过程**。有些幼儿从小就使用蹲便，有些使用坐便，随着幼儿年龄的增长，坐便和蹲便的转换会越来越困难，需要养育者多一些耐心和主动示范。

卫生习惯培养

案例

17 个月的小女孩，特别喜欢到处摸、在路上捡垃圾，还喜欢在户外玩耍时在地上爬。养育者觉得，其实衣服脏了倒是无所谓，毕竟这是幼儿探索世界的方式，但会反复和幼儿强调不可以把手塞进嘴巴里。

幼儿摸完，养育者会让她自己看看手脏不脏。如果只有一点灰，就让幼儿拍拍手上的灰；如果特别脏或要吃东西了，就带幼儿去洗手，并告诉她，手脏时不能拿东西吃，否则会肚子痛。现在，幼儿有时手脏了会主动要求擦手。

奶舅分析

这个案例看到最后还是很让人欣慰的，养育者在幼儿到处摸、捡东西、户外玩耍时会及时引导和提醒幼儿需要注意手部卫生。

除了口头跟幼儿反复强调，养育者还会和幼儿一起观察其小手是不是变脏了，通过是否有灰来判断是否需要清洗，这种和幼儿一起观察和判断的方式更有利于幼儿理解和接受“变脏”，逐渐将其内化为自己的行为方式，养成手脏了会主动要求洗手的意识和习惯；相反，如果养育者只是口头强调不可以吃，幼儿吃了之后又会发火或惩罚幼儿，那么这不但不能帮助幼儿理解卫生与健康，反而会让幼儿更加困惑或“疯狂试探”。

一至两岁是培养幼儿形成规则意识的关键时期，养育者需要在陪伴和日常互动过程中增加明确的行为拒绝，并配合具体可操作的行为引导，帮助幼儿学习和掌握在家里和户外游玩的规则。上述案例中养育者的做法就很好地体现了如何培养幼儿形成规则意识，步骤如下。

步骤 1：感知世界阶段，细心和耐心观察

这个阶段的幼儿刚学会走路，渐渐具备了自主探索能力，最需要养育者在平时与其互动玩耍时，耐心和细心地观察幼儿的一举一动，避免幼儿误触危险或被传染生病。

步骤 2：理解成长阶段，观察到幼儿出现有“隐患”的行为时及时提醒

养育者陪伴幼儿成长的过程是很辛苦劳累的，为了把有限的精力体力用在合适的时机，只需要在观察到幼儿出现有“隐患”的行为时再立即做出反应。养育者可以通过最简单直接的声音信号（语言），提醒或试着制止幼儿的行为。

步骤 3：适应未知阶段，为幼儿提供易观察可操作的行为措施

现实养育场景中，养育者如果只用口头制止，那么在绝大多数的时间都是完全不起作用的，反而会增加幼儿的抵抗或好奇。有的养育者甚至会控制不住自己的情绪，对幼儿进行打骂式惩罚，往往没有实质性效果。养育者更需要通过易观察的方式和可操作的行为来引导幼儿的后续行为。

比如，在上述案例中，养育者在幼儿触碰物品把手弄脏后，通过和幼儿一起观察手上有没有灰这个简单的判断方式，让幼儿知道“脏了”这个结果，并用“有灰就需要去洗手”作为行为引导，让幼儿慢慢养成洗手的意识和习惯。

奶舅温馨提示

一至两岁是培养幼儿形成规则意识的关键时期，养育者千万不要只说不做，更不能呵斥幼儿，而是要通过多说多做与幼儿互动，并做出演示和示范，这样才能让幼儿更好地理解和接受事物与规则，并将其最终内化成自己的生活习惯。

幼儿阶段的卫生教育需要注意什么

幼儿阶段的卫生教育是很有必要的。不良的生活习惯、错误的行为方式，都会让幼儿在成长过程中遇到更多困难和麻烦，养育者也会因为幼儿的健康和成长问题而耗费精力、体力。

养育者要想更好地应对幼儿的各种行为习惯问题，就需要了解幼儿在不同阶段与卫生教育相关的行为发展规律和特点。基于我们的追踪观察，幼儿成长分为以下三个阶段。

阶段1：一岁前，幼儿会拿起东西就往嘴里塞

幼儿在一岁前会对新鲜事物充满好奇，除了会摸、抓、拍打，还会往嘴里塞东西，这与其口腔发育有很大关系。养育者通常很难限制幼儿出现这样的行为，所以应做好幼儿手部、口腔的卫生保护。

阶段2：一至三岁，吃手或啃手指的行为最为常见

有的幼儿会因为一岁前往嘴里塞东西或吃手的行为没有被养育者注意到而逐渐形成行为习惯，这样的行为就会在幼儿长到一至三岁才被观察到。还有相当多的幼儿会在一至两岁阶段养成必须要吃手才能睡觉的习惯，这样的习惯往往会给养育者带来很多困难和烦恼。

阶段3：三岁以后，拒绝洗手，爱吃鼻屎

我们在追踪过程中发现，幼儿在三岁之后会很容易出现拒绝洗手

的情况。主要原因是三岁之前，养育者并没有及时给幼儿养成洗手、刷牙等生活习惯，这导致想要在幼儿三岁后培养其卫生习惯的阻力特别大。

除了偷懒不洗手的行为比较常见外，四岁左右的幼儿还会出现吃鼻屎的情况。幼儿起初可能只是好奇地抠鼻子，在尝试了鼻屎的味道之后，可能会觉得很好玩或味道还不错，就产生了及时奖励的效果，行为则会继续，之后就逐渐变成了习惯。

幼儿阶段的行为发展有很多规律和特点，有些受生理发育和心理发展的因素影响，有些受家庭场景或养育方式的因素影响。不管是拿起东西就往嘴里塞，还是吃手、吃鼻屎，这些都需要养育者平时多观察幼儿的行为变化，及时引导幼儿的行为，通过长时间坚持约束和奖励鼓励并行的方式，帮幼儿学习、理解和接受好的卫生习惯。

对幼儿进行卫生教育的方法

针对幼儿的卫生教育需要引起养育者的重视和关注。因为很多错误的养育方式和习惯会让幼儿更容易生病或为其发展带来阻碍，所以养育者需要了解幼儿行为发展的规律，并在发现问题时及时采用恰当的方法，帮助幼儿培养卫生意识，养成良好的行为习惯，避免不必要的受伤和生病。

求助法

求助法是幼儿阶段最基础的引导方式之一，主要思路是通过主动向幼儿求助，让幼儿不得不停止某种正在做的不好的行为。比如，当幼儿吃手的时候，养育者可以向幼儿发出求助的信号（如帮养育者拿过来某样东西）。

在“帮助”完后，如果养育者能给幼儿鼓励和奖励，就会让幼儿逐渐在停止行为和获得奖励之间建立联系，为之后戒断不好的行为习惯提供条件和奠定基础。

规则约束法

规则约束是帮助幼儿培养规则意识最有效的方式之一。养育者在这个过程中将遇到的最大的挑战就是幼儿的哭闹。

规则约束法的主要思路是，养育者在幼儿做某些不好的行为时明确制止，如果幼儿哭闹就带着幼儿去卧室与其一起待着，通过言语和行为约束让幼儿知道之前的行为是不被允许的。在使用这种方法时，养育者一定要注意，千万不要把幼儿独自留在某个密闭空间里“反省”，因为这样并不能促进幼儿对规则的理解和接受。

比如，幼儿在户外玩耍时弄脏了手，养育者将“回家换鞋之后必须洗手才能做其他事情”作为强制执行的家庭规则，全家人都必须照做。

正面引导奖励法

在实际应用时，求助法和规则约束法往往不会很快奏效，旧问题尚未解决，新问题又会立即产生，令养育者头痛不已。如果养育者一直强制约束幼儿，设置明确的家庭规则要求大家都要执行，就会因为幼儿能力发展不足和自我约束不够出现很多问题。

正面引导奖励法的主要思路是，养育者在求助或规则约束之后，需要为幼儿提供一些替代的行为选择，让幼儿知道再遇到同样的情况可以怎么办。一旦幼儿选择了这个替代行为，就会获得及时的奖励和鼓励。比如，当幼儿玩很脏的东西时，养育者可以鼓励幼儿玩完主动去洗手，这样就可以获得某个小奖励。

逻辑演示法或情景模拟法

很多幼儿到了三岁之后，以上三种方式可能就不是特别有效了，因为幼儿在这时开始有了自己的思维和逻辑，很快能够识破养育者的意图。因此，养育者需要借助逻辑演示法或情景模拟等方式来引导。

比如，可以和幼儿一起看绘本和科普视频，让幼儿了解细菌和病毒是什么，鼻屎是由什么组成的，以及为什么脏东西会让人们生病等。养育者可以通过幼儿喜欢的方式，让他们学习和了解自己的行为可能会带来哪些问题，并告诉幼儿如何正确操作，从而避免生病或发生意外。

刷牙习惯培养

案例

两岁男孩，很喜欢吃牙膏和啃牙刷。每次自己刷牙，都是吃完牙膏就算刷完。要是妈妈帮着刷，就鬼哭狼嚎地被妈妈按着胳膊快速“捅”几下，有时妈妈太急了还会把他的牙龈戳出血。最近，只有当妈妈给他看手机里关于他的视频时，他才可以安静地刷牙。

奶舅分析

我一直强调，两岁左右是幼儿自主意识快速发展的时期，自主意愿，而不是养育者的命令和要求，会越来越多地成为幼儿行为选择的主要来源。从养育者的角度看，这个阶段是幼儿的第一次“叛逆”。

因此，幼儿在这个阶段更愿意为物质奖励而行动，但也会屈服于家庭权威。正如案例里描述的那样，幼儿喜欢吃牙膏（应该是那种可食用的甜味牙膏），要手机里的视频（奖励）才可以安静地刷牙。二者都是幼儿特别喜欢的东西，如果没有了这些奖励物，幼儿就会“偷懒”，这主要是因为幼儿此时有了自己的小心思，有时还会故意用对抗的方式让养育者妥协。

对于上述案例，幼儿妈妈的做法有以下几点需要引起养育者的注意。

要给幼儿展示出刷牙是愉快的行为，而非强迫和不舒服的行为

如果在最初引入刷牙行为时，幼儿感受到的是急促、疼痛和出血，就会让幼儿对刷牙的行为产生很强的消极情绪。

从这个角度考虑，建议养育者在给幼儿刷牙时，蹲下来耐心温柔地操作，并在刷牙时表情尽可能放松和愉悦，千万不要凶巴巴地要求幼儿必须完成。

如果希望让幼儿养成良好的行为习惯，那么引入方式和时机是特别重要的。简单理解就是，幼儿对刷牙的第一印象要积极正面，这样才更有希望让幼儿对刷牙行为感兴趣，并从中体会到乐趣。

给幼儿做奖励的时候需要注意方式方法

在上述案例中，有甜味的牙膏吃，有手机视频看，幼儿才会配合乖巧刷牙。这说明甜的牙膏和手机视频是特别好的奖励物品，因此养育者需要在这些奖励物品的呈现方面多做文章，避免做就给奖励，不做就不给奖励的二元策略，从而帮助幼儿可以更持久地坚持刷牙的行为。

比较简单的方法是，在刷牙之前和幼儿商量好，如果坚持刷牙 10 秒钟，之后就可以看一分钟手机视频。需要注意的是，养育者在一开始时让幼儿自己坚持的时间一定要尽可能短暂，这样幼儿才能更容易接受，也更容易做到，做到之后给予鼓励和奖励，幼儿坚持这个行为才会变得更容易。还需注意，不要在幼儿刷牙的同时给他呈现看手机视频的奖励，而是把这个奖励放在幼儿坚持刷牙 10 秒钟之后再呈现。

帮助两岁多的幼儿培养一种习惯千万不能着急，不可能一口吃个

大胖子。因此，刚开始可以坚持几天只让幼儿刷 10 秒钟，养育者可以边辅助边给幼儿数秒，观察到幼儿不耐烦了就可以稍微数快一些。在幼儿做到后，养育者就可以拿手机给幼儿看一段视频。之后，养育者可以逐渐给幼儿增加任务的难度（如增加坚持的时长，或掌握刷牙的方法等）。同时，养育者还可以逐渐减少奖励物品呈现的频率，从每次结束都呈现逐渐过渡到鼓励幼儿坚持两天后再呈现。

奶舅温馨提示

幼儿的早期习惯培养很复杂，因为幼儿的个体差异巨大，每个家庭的实际情况也很复杂。要多观察幼儿的反馈，及时调整策略，这样才更有可能帮助幼儿养成好的生活习惯。

如何培养刷牙习惯

每个幼儿的个体差异很大，每个家庭的实际情况和养育环境也存在很大的差异。因此，培养不同幼儿养成刷牙习惯的开始时间也会很不一样。遗憾的是，有很多养育者毫不在意这些，在幼儿很大了才开始帮其培养刷牙习惯。

不同阶段的幼儿有不同的情况，养育者需要根据实际情况对幼儿采用相应的引导和培养方式，让幼儿更容易养成刷牙的习惯。

阶段 1：感知世界阶段，主要任务是玩

一岁半前的幼儿普遍会在出牙阶段流口水和咬东西，这和幼儿的生理发育、口腔内的感受有很大关系，这种情况通常可以通过磨牙棒来缓解。

如果想在这个阶段帮助幼儿培养刷牙的意识，那么养育者可以多尝试在磨牙棒上做文章。由于幼儿刚刚出牙，因此养育者要多和幼儿

玩各种与口腔、牙齿相关的游戏。比如，养育者可以自己拿着牙刷，给幼儿一根磨牙棒，和幼儿一起“咀嚼”，激发幼儿对牙刷的兴趣，并培养幼儿对牙刷产生熟悉感，为之后培养其刷牙的习惯打好基础。

在这个阶段，幼儿还会慢慢地学习和模仿养育者的行为。因此，通过玩来培养幼儿产生保护牙齿的意识是这个阶段最主要的任务。

阶段 2：理解成长阶段，主要任务是亲子互动游戏

这个阶段是幼儿学习家庭规则的关键时期，如果没有在这个阶段为幼儿培养起规则意识，就很容易导致幼儿到了两岁半后特别“不听话”。

由于这个阶段幼儿学会了走路，他们对自己的身体有了一定的控制能力，而且有强烈的好奇心，因此这个阶段需要养育者通过平时的互动游戏让幼儿了解刷牙是什么。

比如，养育者在刷牙时可以请幼儿在一旁观察刷牙过程。如果幼儿很好奇，就递一把小牙刷，让幼儿与自己一起刷牙。养育者还可以通过绘本读物，把刷牙过程、刷牙的乐趣、刷牙的好处、不刷牙的坏处，通过情景互动的形式给幼儿展现出来。

互动、情景化、示范都是培养一至两岁幼儿养成刷牙习惯的关键。除了这些技术性操作之外，把幼儿带到卫生间可以帮幼儿养成在固定时间、固定地点刷牙的习惯，这也是一种家庭规则的培养。

阶段 3：适应未知阶段，主要任务是调动幼儿的积极性

幼儿到了两岁半之后，自主意识变强，自主意愿会逐渐变成其日常生活行为选择的主要来源。要想培养幼儿的刷牙习惯，就需要调动其积极性，这样他才更可能坚持刷牙。

养育者可以通过让幼儿选择自己喜欢的牙刷、牙膏，给幼儿及时的奖励，或在平时亲子互动时利用情景模拟刷牙的动作等方式调动

幼儿刷牙的积极性。比如，养育者可以给幼儿编一个刷牙故事或一段刷牙操，在亲子互动时先进行模拟演练，做一些刷牙的无实物表演游戏。

让幼儿愿意刷牙的好办法

在解答这个问题之前，我们需要知道，幼儿之间存在很大的差异，有的幼儿给了牙刷就可以很高兴地拿过来并塞进嘴里玩起来，有的幼儿就算给好吃的也会很抵触刷牙。不管是哪种情况，我们都要接受幼儿会有不愿意刷牙的情况。

为了鼓励和帮助幼儿做好牙齿保护，养育者需要借助各种办法。我总结了以下四种比较实用的办法，养育者可以通过在日常生活中实践，找到最适合的办法。

奖励法

奖励法是最常用的一种，即在刷牙前后及时给幼儿奖励，奖励物品可以是好吃的、好看的，主要目的是通过及时的奖励让幼儿愿意主动刷牙。

比如，养育者可以把幼儿喜欢吃的东西安排在刷牙之前，在给幼儿好吃的之前商量好，如果下次还想吃就要吃完后把牙齿刷干净。养育者还可以把买小礼物、看动画作为奖励，在刷牙之后呈现给幼儿。

惊吓法

惊吓法比较适合三岁之后的幼儿，即给幼儿呈现不刷牙的负面图片或视频，让幼儿看到长时间不刷牙可能会造成怎样的后果。

如果养育者只是口头表述不刷牙会怎么样，幼儿并不能真的理解结果会怎么样，因为这种结果看不着也摸不到，所以他们对刷牙不会有很明确的认识。因此，养育者需要把可视化的后果为幼儿呈现出来，这样可以将未来可能会产生的负面影响拉到眼前，让幼儿形成要好好保护牙齿的意识。

游戏互动法

游戏互动法适合对一至两岁的幼儿使用，即把刷牙变成一些互动类的游戏。

养育者可以和幼儿为对方刷牙，也可以给幼儿的玩偶配一把牙刷，让幼儿每天坚持给玩偶刷牙，这些都是带有表演互动性质的游戏。此外，养育者还可以和幼儿一起边听歌边跳刷牙操等。

强制法

强制法的主要思路是要求幼儿必须做完才可以离开，适合以下两个年龄段的幼儿：

- ★ 一至两岁的幼儿，因为他们相对而言比较“听话”，越早给幼儿制定明确的规则，幼儿就能越容易接受和执行；
- ★ 四岁之后的幼儿，因为如果他们还是不愿意刷牙，养育者就需要想办法，通过强制性的任务来让幼儿完成，即使幼儿哭闹也必须要完成简单的刷牙任务才可以离开卫生间。

不过，由于使用强制法会很容易引起幼儿哭闹反抗，因此很考验养育者的经验和技巧。

以上四种方法不仅可以帮助幼儿培养刷牙习惯，在培养很多生活习惯时也可以应用。这些方法的核心思路都是让幼儿在“刷牙”和“不刷牙”之间有很多可以选择的东西。让幼儿参与其中才更可能让幼儿愿意主动刷牙。

安全意识与出行安全习惯培养

案例

一家人开着私家车去商场。车上装有幼儿的安全座椅，但三岁左右的小男孩并不是坐在安全座椅上，而是在后排座位上动个不停。

奶舅分析

汽车在行驶的过程中，幼儿不坐安全座椅是一件特别危险的事情。哪怕养育者把幼儿紧紧地抱在怀里，要是遇到紧急情况刹车，这也是特别危险的。交通安全无小事，养育者一定要从小帮幼儿养成坐安全座椅的习惯。

由于幼儿要被约束在一个很窄小的空间里，因此往往会很排斥坐安全座椅。即使是大人，也需要一个适应过程，更何况是特别想要去探索这个世界的幼儿。

养育者引入安全座椅的时机很重要。如果从小就培养，幼儿就能更容易接受坐安全座椅。一旦错过了关键时期，再培养这方面习惯就会困难重重。

幼儿在一岁半之前更容易接受安全座椅。如果幼儿到了两岁左右，养育者才开始培养他们坐安全座椅的习惯就会特别困难了。随着幼儿的自主意识和自主意愿变得越来越强，他们可能不情愿去做一些事情（包括坐安全座椅）。

比较好的办法是，养育者根据幼儿喜欢的颜色去购买安全座椅，这样有助于幼儿接受安全座椅。此外，养育者还要在开车时告诉幼儿，不仅小孩需要坐安全座椅并系好安全带，大人也需要系好安全带，这样都是为了确保乘车安全，这有助于幼儿形成逻辑上的认同。

如果幼儿超过两岁，且的确因培养坐安全座椅的习惯而产生困难，那么养育者可以先试着把安全座椅放在家里，和幼儿一起玩模拟开车出去的游戏，让幼儿坐在安全座椅上并系上安全带。在玩这个游戏时，还可以让幼儿扮演小司机，他们很可能会因此感到很自豪。通过这样的游戏，能让幼儿逐渐对安全座椅产生熟悉感并认可。这时，养育者可以和幼儿一起去车上安装安全座椅，并告诉幼儿，安全座椅是他的个人物品，需要他小心看护。等开车时，让幼儿坐在安全座椅上，车上无论是大人还是幼儿都要系好安全带。

奶舅温馨提示

培养幼儿安全出行的习惯需要较长的时间。养育者千万不要强迫幼儿必须接受，否则只会引起幼儿厌恶，之后再让幼儿坐安全座椅就会变得越来越困难，对两岁以后的幼儿来说更是如此。

如何培养安全意识

幼儿的生理发育和心理发展都是阶段性的，每个阶段的变化都比较快，养育者在帮助幼儿培养安全意识的时候也需要根据动态变化及时调整策略，中心思想都是要基于幼儿的实际情况，给幼儿相对应并且可以接受和理解的引导方式。

接下来，我会按照幼儿行为习惯形成的不同阶段，对培养幼儿的安全意识进行逐一分析。

阶段1：感知世界阶段，考验养育者的安全意识

由于一岁半前的幼儿自主探索的能力相对有限，他们的行为更多受到养育者的支配，因此养育者在这个阶段无法帮助幼儿培养太多的安全意识，往往更需要养育者有安全意识。

比如，在幼儿的活动范围内，养育者要尽可能地避免会伤害到幼儿的物品出现。尤其是幼儿在学会了爬行或刚学会走路时，养育者要提前把危险的物品放在幼儿触及不到的地方，并将家里有棱角的地方做好防碰撞的措施。这个过程很考验养育者的安全意识。

阶段 2：理解成长阶段，帮助幼儿学习安全规则，培养安全意识

之前我讲过很多次，一至两岁是幼儿学习家庭规则的关键时期，在这个阶段，养育者需要在幼儿盲目探索之前就帮助幼儿学习安全规则、培养安全意识，了解哪些地方不能乱碰、在哪些地方容易受伤，这些都需要在日常生活的互动过程中，通过言传身教传达给幼儿。

此外，在这个阶段，养育者如果无法确保环境绝对安全，就要尝试教会幼儿如何辨别危险，如何处理和应对才不会受伤，或者如何让伤害变得小一些。

阶段 3：适应未知阶段，要有意识地让幼儿学习安全指令词

安全指令词是指养育者发出一些特定的声音或动作，幼儿会立刻停下来。比如，“停”“危险”“站住”“不可以”，这些词汇都是比较常见的安全指令词。

养育者需要在家里或带幼儿外出的时候有意识地让幼儿学习这些安全指令词。比如，带幼儿逛商场、超市要乘电梯时，在养育者说“停”后，幼儿需要在电梯前停下来；或者，养育者在看到幼儿跑得太快而喊“慢一点”时，幼儿需要回头确认养育者是否在自己的视线内。

安全无小事，养育者需要在幼儿两岁之后有意识地帮助幼儿培养安全意识。此外，对于两岁后的幼儿，养育者有计划地“放手”也是一种有效的保护，这样幼儿才能在三岁之后到幼儿园过集体生活时具

备自我保护的能力。

养育环境的安全措施设置是否有问题

养育者在检查家庭或者外出环境中的安全措施时，通常有两种思路：一是转换成幼儿的视角去观察，帮助幼儿排除危险；二是让幼儿以成年人的视角去看待危险，让他们能有效地规避危险。基于这样的两种思路，我提出了以下四种方法。

换位法

换位法的主要思路是养育者要蹲下来从幼儿的视角去感受家庭和外部的环境。这个方法最基础，却也是最困难的。原因在于，养育者往往很难做到真正意义上的换位思考。这也是为什么我在做咨询时，经常和养育者强调要蹲下来和幼儿交流。只要养育者蹲下来，就会发现很多幼儿眼中的危险，而对于这些危险，要是以俯视幼儿的视角去看则很可能意识不到。因此，换位法最基本的方式，就是蹲下来或趴在地上左右观察一下，就能快速发现很多显而易见的危险。

排除法

排除法的主要思路是在摆放一些物品或设置措施时，先考虑幼儿是否需要。如果需要，那么在满足幼儿基本需求的前提下，越简洁就越安全。因为很多危险都是躲藏起来的，可能是幼儿的床、帘子、玩具之类的。如果不是幼儿的必需品，就不要增加，或者不要摆放在幼儿可触碰到的地方。这种思路和方法，也能间接证明给幼儿设置一个宽敞简洁的玩具区是特别有必要的。

设置障碍法

设置障碍法的逻辑与小区内或高速路上的减速带的性质类似，即给幼儿设置一些难度接近但又不会让他们受伤的障碍物。这个方法主要适合两岁之前不太会用语言表达的幼儿。比如，幼儿总喜欢用手戳电源的插孔，养育者可以在上面安装保护壳，增加幼儿做这个行为的难度。再如，幼儿在屋里疯跑容易摔倒并撞到桌子或椅子，养育者可以在这些物品前面铺一个抱枕或一张毯子，这样幼儿在跑过去时会感到有很大的阻力，从而更容易减速，即使摔倒也会有抱枕或毯子的保护。

主动询问法

主动询问法是指在幼儿学会语言表达后（通常为两岁后），当遇到自己不确定的事情或者觉得存在危险时，养育者应要求或鼓励幼儿主动询问和求助。在这个过程中，养育者也需要帮助幼儿学习安全指令词。养育者在面对一些常见的危险场景（如商场里的扶梯）前，要给幼儿演示如何询问危险、如何规避危险，以及示范安全指令词（如“停”）。

电子产品使用习惯培养

案例

幼儿29个月大，每天累积看动画片（通常是看《小猪佩奇》，每集五分钟）的时间不超过一个小时，养育者比较容易管理。不过，需要在幼儿看动画片前和他制定好规则，这样才能在动画片结束后关掉设备，否则幼儿就会抗拒。此外，每次去爷爷奶奶家时，爷爷奶奶总喜欢当着幼儿的面看短视频或是玩斗地主之类的游戏，而且声音很大。

奶舅分析

这个案例中有两个很常见的问题：一是给幼儿制定了规则，要是不遵守该怎么办；二是如果家庭成员间的规则不一致该怎么办。

如果能有效解决这两个问题，就能有效解决很多家庭矛盾和亲子间的冲突。我将从以下几个方面来分析。

培养规则意识

这个案例里的幼儿29个月（近两岁半），自主意识爆发。如果之前没有培养幼儿的规则意识，就很容易让这个阶段的幼儿变成规则的破坏者，养育者要想引导幼儿行为就会变得越来越困难。

在这个案例中，如果在幼儿看动画片前制定好规则，幼儿就会在动画片结束后主动关掉设备。这充分说明幼儿的规则意识培养得很好，知晓明确的家庭规则，也能很好地遵守亲子间的约定。

由于这个案例没有详细介绍主要是通过哪些方式给幼儿制定规则的，因此可以结合幼儿的月龄和情况来分析。

幼儿阶段规则意识培养的思路和办法如下：

- ★ 一至一岁半，增加拒绝幼儿不当行为的次数；
- ★ 两岁左右，多和幼儿完成有明确规则的游戏或运动；
- ★ 两岁半之后，需要给幼儿培养时间意识，因为时间是最简单常见的明确规则。

培养时间意识

诚如前文所言，我们发现了幼儿发展的八个阶段。幼儿到了两岁半时，大概率有能力发展到时间阶段，但需要养育者辅助和引导才行。幼儿对时间有感知能力，可以评估自己完成任务的时长。

因此，对于这个阶段的幼儿，如果养育者只靠口头的承诺，就很容易造成幼儿反悔或养育者妥协，从而破坏规则。养育者需要给幼儿提供更客观、易观察的制定规则的方式，即培养时间意识。通过定闹铃的方式能有效解决这个问题。养育者可以尝试在幼儿使用电子产品之前，提前与幼儿协商好时长或看几集等这种简单易观察的规则。同时，让幼儿定好闹铃（如用养育者的手机设定）。

养育者只需要在动画片开始和结束之前提醒幼儿之前的约定和规则，幼儿就能更容易接受和遵守规则。

和老人规则不一致

幼儿的父母和家里老人的规则不一致甚至出现明显冲突的情况，其实是很常见的。正如这个案例里讲到的，平时妈妈带幼儿的时候，会设定明确的使用电子产品的规则，幼儿也会遵守规则。然而，在爷爷奶奶家，爷爷奶奶就会经常在幼儿面前使用电子产品，无形中给幼儿带来了很多诱惑。

奶舅温馨提示

年轻养育者和老人之间在行为和意识层面存在很多冲突和矛盾是很正常的。如果能帮助幼儿培养时间意识，接下来可以让幼儿去监督爷爷奶奶使用电子产品。

比如，在幼儿树立了良好的时间意识后，使用电子产品时也有了自己的规则和习惯，就可以鼓励幼儿监督爷爷奶奶更合理地使用电子产品，也能不影响幼儿使用电子产品的规则和习惯。

如果幼儿能够培养起良好的规则意识和时间意识，那么幼儿在和爷爷奶奶约定他们使用电子产品的规则时，他们也会更愿意考虑孙子（或孙女）的想法和感受了。

使用电子产品需要注意什么

尽量避免幼儿在两岁前使用电子产品

我们在对近两百个幼儿及其家庭进行观察和追踪的过程中发现，79.3%的家庭在幼儿两岁前就会给他使用电子产品。幼儿两岁前，奶舅不建议使用电子产品，主要原因如下。

1. 在幼儿视觉和听觉快速发育的关键时期，应当避免强烈的声光电刺激，这样可以更好地保护幼儿的感官发育。

2. 一至两岁是幼儿语言发展的关键时期，需要增加亲子互动，减少电子产品的使用。因为语言学习的输入和输出同样重要，需要养育者在语言发展的关键时期给幼儿提供高质量的亲子陪伴，引导幼儿发音和语言表达。如果在这个阶段没有人与人之间的互动和引导，使用电子产品就会影响幼儿学习语言。因为电子产品只是单方面地给幼儿输入，它并没有协助幼儿有效输出和交互锻炼，所以过早使用电子产品很容易造成幼儿语言发展迟缓。

3. 电子产品不宜作为常规奖励物品。电子产品强烈的声光电刺激会让其他奖励物品失去应有的奖励作用，造成幼儿过度依赖电子产品，或出现低欲望的情况。

因此，养育者尽量不要在幼儿两岁前给他们使用电子产品。如果是特殊情况可以适当使用，但需要控制好幼儿使用的时长，单次使用时间建议不要超过两分钟。

避免幼儿出现两分钟呆滞现象

两分钟呆滞现象是指在没有干扰的前提下，一至三岁的幼儿使用电子产品超过两分钟，会出现眼神空洞、目光呆滞的现象。这种现象很可能会阻碍幼儿早期的语言学习和认知过程。由于幼儿在一至三岁时认知能力和记忆力有限，持续的高强度生理刺激会使幼儿陷入一种持续的低效率无意识输入状态。然而，这个年龄段的幼儿最需要的并不是这种高强度刺激输入，而是亲子间持续的互动。不得不再次强调的是，只有高质量的亲子互动才更有可能让幼儿的语言表达需求和学习认知得到更好的发展。

基于上述两个发现，我们强烈建议幼儿在两岁前，除了和远方的家人视频交流外，养育者尽可能不要给幼儿使用任何电子产品。到了两岁之后，在幼儿使用电子产品时，需要养育者陪伴并扮演解说和旁白的角色，避免幼儿出现因独自长时间使用电子产品而陷入呆滞的状态。

如何让幼儿更合理地使用电子产品

如今，电子产品几乎已经成为每个家庭都会拥有的日常生活用品，也为人们的学习和娱乐带来了很多便利。

我们并不是要把电子产品妖魔化，只是提醒广大养育者，要警惕幼儿过早和过度使用电子产品。既然电子产品已经变成生活必需品，那么养育者就要多考虑如何帮助幼儿更合理地使用，进而帮助幼儿营造更好、更科学的成长环境。

两岁前不建议使用电子产品

幼儿在两岁之前，尽量不要让其使用电子产品，具体原因前面已经详细介绍过。如果情况特殊（如和家人远程视频）不得不使用，就需要注意幼儿使用的时长。电子产品给两岁前的幼儿带来的好处和积极作用，完全可以通过将亲子阅读绘本与蓝牙音响相结合的方式替代。

可能会有不少养育者觉得很委屈，陪幼儿互动很辛苦，或者在遇到一些特殊情况时，电子产品的确能让幼儿变得很乖。然而，我还是很想提醒大家，如果尝试把电子产品换成音频故事，也完全可以起到同样的作用，而且这样做既能保护幼儿的视力，又能促进其想象力的发展。

两至三岁，将电子产品作为给幼儿的奖励物品之一

两岁之后，养育者就没有必要把幼儿和电子产品完全隔离开，而要有计划、有策略地逐步放开对幼儿使用电子产品的管控。比如，养育者可以把使用电子产品作为奖励物品之一，如果幼儿的语言发展稍

慢一些，养育者不仅可以在幼儿有语言表达的时候给予其强烈的回应，而且可以奖励幼儿看一集动画片，但需要陪着幼儿一起观看。

将看一集动画片作为一周一次或一周两次的奖励，对于两至三岁的幼儿是比较适合的奖励方式，养育者可以通过这样的方式鼓励幼儿克服一些恐惧和问题（如语言问题、社交问题），调动幼儿的积极性。这样电子产品起到的作用远大于单纯看动画片。

此外，养育者需要帮助两至三岁的幼儿控制好电子产品的使用时长。比如，看动画之前和幼儿约定好时长或看几集，也可以设置闹铃，与幼儿设置明确的规则，并及时提醒。这样做可以帮助幼儿明确电子产品的使用规则，培养良好的习惯。

三岁之后，帮助幼儿区分电子产品的日常学习和消遣娱乐

三岁之后，养育者要给幼儿更多自主参与规则制定的机会，锻炼幼儿的自主决策和自主学习能力。比如，定闹铃的任务可以完全交由幼儿独立完成，而日常语言学习、认识新事物、解释幼儿的“十万个为什么”则可以由养育者和幼儿一起通过手机上完成。

此外，养育者还要与幼儿共同约定使用电子产品的规则，引导幼儿学会如何正确使用电子产品。养育者可以要求幼儿在使用电子产品时注意自己的坐姿、与屏幕的距离、使用时长，还可以教幼儿如何选择适合自己的动画片，以及如何使用手机的语音检索功能与其进行人机互动。

养育者还可以让幼儿自己规划每天使用电子产品的次数、时长和具体时间段，以及在哪些时间段可以和养育者一同学习，哪些时候可以自己看动画片消遣娱乐。在这个过程中，养育者只负责监督和辅助幼儿完成规划和计划即可。这样既可以增加幼儿自主参与和制定日常规则的机会，也能在一定程度上锻炼幼儿的时间规划能力、自主选择能力和自主学习能力。

早期隐私意识培养

案例

男孩，23 个月。妈妈在给幼儿读绘本时会指着光屁股跑上街的主角说，不可以不穿裤子光着屁股跑出去，并告诉幼儿哪些部位可以给别人看、哪些部位不可以。在需要给幼儿换尿不湿时，妈妈也尽量选择去母婴室或人少的角落给幼儿换。

妈妈自述，幼儿目前只会简单交流，所以并没有出现什么复杂的问题，因此并不知道这么做是否有效果。后来，当幼儿再看到这本绘本时，翻到这一页时会迅速翻过去，不知道是不是因为害羞。

奶舅分析

首先，通过读绘本的方式对一岁多的幼儿进行隐私教育或性别教育启蒙是一种很好的方式。因为在这个阶段，幼儿的心理发展普遍处在颜色、图形和声音阶段，会对彩色的图形类物品更感兴趣。绘本为幼儿提供了一个天然的互动机会，养育者可以借助绘本让幼儿了解隐私、性别等方面的知识。

随着幼儿年龄的增长，有的养育者会提出这样的疑惑：我花了很多的时间和心思来给幼儿做隐私教育或性别教育，为什么幼儿在小时候很听话，现在却不听话了呢？

如果我遇到了这样的养育者，通常会先询问他们对幼儿做了哪些引导和教育。绝大部分养育者会告诉我，在读绘本、平时上厕所和洗澡时会很耐心地讲给幼儿听。

然而，这其实是一个典型的养育误区——只说不做式的自我感动。

因为语言和说教对于三岁以前的幼儿来说收效甚微，说100遍都不如养育者亲身示范一下的效果好。

其次，虽说通过读绘本做隐私教育或性别教育是个不错的方式，但在幼儿两岁左右开始，养育者就不能只停留和局限在通过平面化的绘本来引导幼儿学习了。更何况要做到这一点的前提是，养育者可以抛弃偏见，用幼儿的视角来与其一起看。如果养育者自己在看的时候都会表现出不自在，解释起来含糊其词，就很容易起到反作用。

最后，两岁左右确实会产生明显的羞涩，但这种羞涩更可能是受到养育者的神情和态度的影响。另外，幼儿看到这一页会飞快翻过去也可能是因为看腻了，或者养育者在这一页讲解得不够好，幼儿会觉得无聊。

奶舅温馨提示

对于隐私的保护和性别的理解，幼儿从有意识到最后能真正地理解和接受，并且在之后的生活里认同和践行，是一个非常漫长的过程。读绘本只是一种辅助，养育者还需要在日常生活中通过引导帮助幼儿学习。

如何对幼儿进行隐私教育

一至两岁，绘本加日常互动

一至两岁的幼儿刚学会走路，身体各处的关节和肌肉都得到了一定程度的锻炼，有了自主探索的能力，可以独自完成很多任务。养育者，尤其是单独带幼儿的养育者，通常出于对幼儿安全的考虑，在使用卫生间、换衣服等时不会主动避讳幼儿。在很多家庭里，养育者在如厕或洗澡时也会允许幼儿进去。如果养育者在这种情况下对幼儿进行隐私教育，幼儿相对比较难以理解；相反，如果养育者能在幼儿做出一些不好的行为时及时拒绝，就能让幼儿先产生意识，再逐渐变成一种规则来学习。

如前文所述，读绘本是给幼儿做早期隐私教育和性别教育启蒙的一种很好的方式。不过，养育者除了和幼儿一起阅读隐私保护类绘本外，还需要在给幼儿洗澡时培养其保护隐私部位的意识。比如，养育者可以在给幼儿清洗隐私部位时，故意停下来主动询问幼儿“可以不可以”。这个征询的小细节对幼儿来说很有用处，因为多问几次之后，幼儿就能通过行为层面的变化知道，当别人触碰自己隐私部位的时候是需要被询问的。

幼儿在这个阶段逐渐学会了一些词语和句子，养育者可以和幼儿在洗澡的过程中做一些沟通。比如，养育者可以告诉幼儿，洗澡时是为了做清洁才会去触碰隐私部位，并且是需要使用纱布或毛巾才可以帮助幼儿清洗。

这个阶段也是养育者引入其他养育者参与其中的时机。因为给幼儿洗澡是相对简单和轻松的互动方式，经过几次练习之后，其他养育者就可以在给幼儿洗澡的时候找到一些乐趣，建立养育自信。

因此，对一至两岁的幼儿进行隐私教育，可以通过幼儿感兴趣的颜色和图形（绘本或玩具），以及日常生活（如厕和洗澡）中的亲子互动培养幼儿的隐私保护意识，为两至三岁的隐私教育做好铺垫和准备。

两至三岁，要更尊重幼儿的隐私

等幼儿到了两至三岁，隐私教育方面的问题就变得复杂起来了。在这个阶段，幼儿的自主意识变强，他们会更容易出现把玩自己的情况，特别是小男孩，会觉得小鸡鸡很好玩。除了幼儿会不自觉地把玩外，幼儿的语言表达、知识经验也有了一些积累，会主动询问很多奇奇怪怪的问题。

这时，养育者需要转变心态，给幼儿做好解答。养育者在解答与生理结构相关问题的原则是不用刻意回避。

比如，幼儿会好奇为什么家里男女有别，为什么爸爸是站着尿尿，妈妈是坐着的。面对这类问题，养育者并不需要编瞎话，只需要坦诚地告诉幼儿男性和女性因为存在性别差异，身体构造也有所不同，而且人们在使用卫生间时，不同性别的人需要回避。

此外，这个阶段也是做性别教育的好机会。

比如，在家里，如果卫生间内有人，那么其他人必须主动敲门并征得正在使用卫生间的人的许可方能进入。在公共场所玩耍时，养育者要教幼儿辨别“男卫生间”和“女卫生间”的标示，并让幼儿知道不可以使用异性的卫生间，因为这是一种很不礼貌也很不友好的行为。

关于洗澡的问题，有一部分男孩的养育者会在洗澡时给幼儿翻洗包皮，这个做法谈不上有错，但是风险很大。因为养育者很难保证能做好清洗，即便养育者可以做到，也不能完全保证幼儿在独自睡觉或玩耍时不去用不干净的手把玩。此外，还有养育者表示在给幼儿翻洗后，幼儿感到疼痛难忍。因此，我不建议这样做。

幼儿因出于好奇而把玩自己的私密部位，无论是男孩还是女孩都可能这样做，养育者需要意识到这一点。

此外，这个阶段的大部分幼儿也开始学习自主大小便。这也是给幼儿做隐私教育的好机会，需要同性养育者多给幼儿亲身示范，并向幼儿耐心讲解如厕、换衣服、洗澡都是很私密的事情，需要征得对方的同意才可以接近。

第 6 章

养育环境、养育方式与习惯培养

我们在对大量幼儿及其家庭进行观察和追踪过程中发现，后天环境（包括养育场景和养育方式）对幼儿早期行为发展至关重要。如果说感知世界、理解成长和适应未知是幼儿认识客观世界操作层面的方式，那么养育场景和养育方式则是幼儿学习和掌握认识世界技巧和方法的来源。

玩具区的合理设置

案例

女孩，29 个月。家里玩具比较多，有固定的放玩具的区域，但没有固定的玩耍区域。幼儿通常会在沙发上玩，或在放玩具的区域附近玩，一次只玩一种类型的玩具。在独自玩的过程中，她不与他人交流，但会自言自语；也会在玩一会儿后找大人一起听歌或者跳舞。养育者目前觉得她并没有因玩具多而分散注意力，但会因大人的活动而分神。

奶舅分析

幼儿在这个年龄阶段会表现出在独自玩耍一段时间后因感到无聊而主动求助养育者参与互动。这也是两岁至两岁半这个阶段的幼儿普遍的发展规律，即幼儿可以自主完成一些任务，语言能力经过练习后有了一定的发展。社会属性的能力也在这个阶段逐渐发展起来，这是因为：（1）个人能力的发展促进其对社交的需求；（2）幼儿随着年龄的增长，不得不面对更多复杂的场景，这些使得社会适应能力的训练自然而然地发生了。

因此，在这个年龄阶段，养育者需要重视对幼儿社会适应能力的培养，主要是关注幼儿协作完成任务的能力。这就需要养育者给幼儿提供一个固定的场地来完成熟人之间的协作和互动过程。

回到这个案例，我们可以发现，由于缺少固定的玩耍区域，导致了大人的活动会让幼儿分神。在我过去接触的案例中，有不少家庭缺少玩具区，或者玩具区只是个摆设。这样就会导致幼儿很难专注地去做一件事情或完成一项任务，因为很容易受到外界的干扰。因此，给幼儿规划出一个玩具区的主要目的，是给幼儿一个相对独立的环境和场景，确保其可以专注地玩耍或参与亲子互动。

比如，专门给幼儿找一个安静、干扰少、舒服的地方，幼儿可以和养育者做一些亲子互动活动，可以是一起阅读绘本、拼积木，也可以一起玩角色扮演类互动游戏。这么做的主要目的是，在亲子互动的同时，养育者可以通过言传身教让幼儿学会专注地完成一项工作或一件事情。

奶舅温馨提示

专注地完成一项任务或一件事情并不是幼儿天生就具备的能力，而是需要养育者的示范，并且需要幼儿通过锻炼习得。希望养育者能够重视合理设置玩具区。

幼儿为什么需要固定的玩具区

让幼儿拥有一个属于自己的领地

对幼儿来说，拥有一个属于自己的固定区域，就像是有了一个自己的“家”或一个属于自己的“领地”。这个区域不仅有利于培养幼儿的独立自主能力，而且能帮助幼儿培养良好的自我意识与规则意识。

划分领地，了解物品归属

幼儿可以自己做主的区域是要配合固定区域出现的。这两者的结合可以给幼儿一些明确的信号，这个区域内的东西都是幼儿自己的，可以让幼儿自由支配。这对于幼儿早期的规则意识培养有很大帮助。

如果幼儿进了一个特定区域后能自由支配里面的物品，那么特定区域内的物品就与区域外的物品在某种意义上存在明显差别——特定区域内的物品属于幼儿自己，可以让他自由支配和处置；区域外的物品是属于养育者的，由养育者决定如何支配和处置。这对于一至两岁的幼儿在学习（家庭）规则意识时特别重要。

然而，我们在大量案例中发现，幼儿规则意识的发展出现了特别多的问题，主要是因为虽然设置了玩具区，但养育者几乎没有教幼儿对这个领地内的物品的处置原则，即领地内的物品可以自由处置，领地外是其他家庭成员的，可以由养育者自由处置。不要轻视这个小细节，它会对幼儿早期的行为选择产生深远影响。

让亲子互动有固定区域

亲子互动确实随处可见，但需要强调的是，亲子互动需要在一个固定的区域。这个区域是幼儿可以自由支配的，养育者可以在这里和幼儿做大量亲子互动活动。除了增进亲密关系，亲子互动更重要的是养育者可以为幼儿做演示和示范，以帮助幼儿更好地学习家庭规则，促进幼儿的能力发展等。

只有将上述三个方面都做好了，玩具区才能真正发挥作用，从而帮助幼儿各方面的能力都得到快速发展。

玩具区物品过多会影响幼儿的注意力

基于我们多年来的观察和研究发现，玩具区有太多物品（包括绘本和玩具等）的确会导致幼儿很难集中注意力（注意时间不足一分钟），而且语言发展也相对较慢。

因此，养育者对幼儿的早期培养环境构建需要有一些规划和侧重，不能把玩具和绘本丢在一个区域里置之不管，而是要有目的、分情况、动态地调整互动区域内的各种刺激物，这样才利于幼儿早期发展。

我将按照以下三个阶段给养育者一些建议。

感知世界阶段，给幼儿各类刺激

在感知世界阶段（一岁半之前），幼儿的自主探索能力还没有得到充分锻炼，因此养育者需要给幼儿各类刺激，包括颜色、声音、图形符号等生理层面的刺激。此外，由于这个年龄段的幼儿几乎是被动地接受环境刺激，因此养育者要想各种办法在幼儿日常活动的小区域内增加各类刺激。

理解成长阶段，对玩具区内的物品做减法

在理解成长阶段（一岁半至两岁半），幼儿逐渐学会了走路，身体的各个关节和肌肉都有了一定的自主控制能力，早期语言也开始出现。

幼儿在这个阶段对颜色的感知，会随着年龄的增长逐渐从红、黄、绿这种亮色向其他颜色转变。这就需要养育者根据幼儿的偏好逐

渐调整玩具区内的颜色分布。

此外，这个阶段也是幼儿学习家庭规则的关键阶段，养育者需要减少玩具区内的玩具和物品，并培养幼儿养成在固定区域进行一些亲子互动（如阅读绘本）的习惯。养育者也要尽可能地保证在进行这些亲子互动时，周围的环境是安静、很少被干扰的。这也需要养育者对玩具区的玩具和绘本做减法，把平时不玩的、以后才能玩的都收起来。

适应未知阶段，增加亲子互动

在适应未知阶段（两岁半之后），养育者需要与幼儿增加亲子互动的频率，在玩具区内做一些协作类的互动游戏。这个区域更应该是一块空荡的场地，应精简区域内的物品，减少干扰，这样才能更好地锻炼幼儿的社会适应能力（即社交技巧、沟通表达和合作竞争意识）和抽象思维（如想象力）。其实，任何玩具和绘本都无法替代亲子互动，因为后者产生的情绪、情感的变化，以及需要的随机应变，都是幼儿在成长过程中特别需要学习掌握的。

关于上述三个阶段的建议，其核心目的都是帮助幼儿形成更好的行为习惯，进而有更好的专注力。幼儿的成长是动态变化的，互动区域内的物品也需要及时调整和更新。更重要的是，不要把与幼儿当前发展无关的玩具和绘本堆在玩具区里，否则不仅不利于幼儿当前的成长，而且也会显得杂乱无章。

阅读区的设置与亲子阅读习惯的培养

案例

男孩，13 个月。从他 10 个月起，养育者每天都坚持给他读绘本，但他一直都不怎么专心听，要么自己翻两下就把书扔了，要么跑到一边去玩了，很少能读完一本完整的书。

养育者感到疑惑：遇到幼儿分心的情况，是应该把幼儿拉回来继续读，还是不再读了？幼儿不喜欢听，是因为家长读得不好吗？如何正确地进行亲子阅读？幼儿比较喜欢有声书（可以点读的那种），建议给幼儿读吗？

奶舅分析

案例中的幼儿已学会走路，可以自主探索，并且有自己的想法。当养育者和幼儿的想法出现分歧时，养育者不知如何是好很正常。

如果强迫幼儿按照养育者的想法来，那结果多半是幼儿大哭不止，大部分养育者对此会不得不妥协，顺着幼儿的意愿来。幼儿在经历了几次通过哭能达到目的后，就会在养育者不让自己做什么事情时用大哭来面对，以使养育者妥协。时间久了，养育者就会发觉，幼儿越来越难管了。

我们的确应该尊重幼儿的想法和意愿，可以倡导让幼儿独立，但是教育和培养幼儿，必然不会是一个完全让其自由生长的过程。

回到案例中陪幼儿阅读这件事情上。培养幼儿阅读能力的大前提，一定是幼儿愿意参与到亲子阅读的过程中。如果幼儿根本不愿意看，那就谈不上培养阅读能力了。如果幼儿不愿意看，通常有以下两方面的原因：

★ 幼儿不太喜欢这本绘本，但这方面的原因在幼儿一至两岁的阶段很难出现，因为幼儿在这个阶段对任何新鲜的生理刺激都很敏感；
★ 养育者的阅读技巧不好，因此幼儿很快就失去了兴趣。

我们将着重探讨后一种原因。案例中的情况，大概率是因为养育者阅读绘本的技巧和方法还有所欠缺。对于一至两岁这个阶段的幼儿，不能以一本书是否能一次性读完作为衡量标准，因为绘本在这个阶段的作用是激发幼儿的兴趣。简单地说，绘本是把现实生活中的很多事物串联起来变成一本书，养育者在阅读时，可以通过绘本中的一些图画（如苹果），让幼儿知道平面化的苹果是什么样子，接下来可以选择继续看下一页，也可以选择带幼儿一起在家里找真的苹果来观察。

我更建议养育者在这时带着幼儿去找现实中的苹果，找到后和幼儿一起再回到看书的地方，打开书让幼儿将绘本中的苹果和现实中的苹果做对比。这样既可以最大限度地引起幼儿对绘本的兴趣，也可以让其充分参与其中。不见得非要和幼儿坐在一个地方从头到尾地把一本书读完，因为这个行为本身并没有太大的价值和意义。

与现实场景互动才是在这个阶段最值得去进行的亲子互动。如果养育者掌握了这种亲子阅读方法，幼儿就很可能喜欢和养育者一起看书，因为这样一来，幼儿能更自主地去探索更多的具体事物。

奶舅温馨提示

一至两岁是听觉发育的关键时期，幼儿会对各种声音产生兴趣是很正常的，因此不难理解这个阶段的幼儿很喜欢有声书。

养育者要做的是，帮幼儿养成以下听音频的好习惯：

- ★ 不要让幼儿把音响贴在耳朵边；
- ★ 不要让幼儿听太长时间，我建议一次给幼儿听的时长不超过半小时，一天不要超过三次。

幼儿错过阅读敏感期怎么办

幼儿越小，养育者越容易帮其培养早期的阅读习惯。不过，阅读敏感期其实很长，所以无须过于担心会错过阅读敏感期。

关于阅读，起初是新鲜的生理刺激带来的快乐。刺激呈现的次数多了，快乐就会慢慢消退。因此，培养幼儿阅读更多是在培养一种习惯，如果没有帮助幼儿养成一种愿意阅读的习惯，幼儿就很难沉下心来阅读。

幼儿为什么会很难沉下心来阅读呢？通常会存在以下三方面的原因：

★ 养育者没有阅读的习惯，没有起到良好的带头示范作用，幼儿对书本兴趣不大；
★ 养育者在早期陪幼儿阅读时，技巧和方法不得当，没能有效地将幼儿的兴趣转移到书本上；
★ 养育者不知道如何引导幼儿持续对书本感兴趣。

养育者至少需要解决以上三个方面中的两个，才更有可能让幼儿养成好的阅读习惯。

学习本身其实是一个艰辛的过程，这种艰辛体现在必须要坚持长时间地进行深入阅读和探索，才更有希望掌握某种能力或技巧。这不仅需要养育者引导幼儿把兴趣转移到书本上，还需要养育者协助幼儿建立良好的奖励机制，让幼儿对书本保持持续的兴趣。所谓良好的阅读奖励机制，简单地说就是在幼儿探索的过程中，养育者要及时给幼儿一些反馈，让幼儿尝到甜头，这样才能有希望让幼儿坚持读下去。

要想激发幼儿的阅读兴趣，养育者还需要让幼儿知道书本是兴趣的源头，也就是在带幼儿一起看书时，可以协助幼儿发现一些“宝藏”，还可以带着幼儿在现实生活中探险找寻书里的“宝藏”，这样幼儿就会觉得书本和现实生活之间是紧密联系的。不过，这只是吸引幼儿对阅读和亲子互动感兴趣的第一步。在这个阶段，养育者不需要强调幼儿是否看完了一本书，而是要把注意力放在幼儿是否完成了一次探索的小任务。比如，看到书里的太阳，和幼儿一起完成找太阳的小任务，如果幼儿可以完成这个小任务就给予鼓励和赞许。

接下来，养育者可以把看一本书变成很多个小任务，让幼儿不断地在书本图画和现实场景中互动，在完成了这些找寻和对比的小任务后，一本书也就自然而然地看完了。对阅读的兴趣，也在这种特别强烈的现实场景互动中产生了。

如何培养自主阅读能力

为幼儿设置探索任务

早期的阅读能力是简单地辨别颜色、认识图形符号等。养育者单纯地吸引幼儿的兴趣倒不是特别困难的事情，难就难在如何让幼儿持续对绘本感兴趣。在幼儿有了一些最早期的阅读兴趣后，养育者要教会幼儿如何给自己设置一些小任务，然后鼓励幼儿去自主探索和完成小任务，养育者只需要保护幼儿安全和提供必要的帮助即可。

接下来，养育者需要协助幼儿发现一些具体的兴趣，教幼儿看哪些书可以解决他遇到的问题或是了解他想了解的知识。这个过程其实很艰辛漫长，养育者需要投入很大的心思和精力。然而，对于幼儿来说，如果养成了好的阅读习惯和自主探索的能力，那么就能培养其自主学习的能力，也为其未来发展奠定坚实的基础。

为幼儿设置固定的阅读区

由于幼儿在两至三岁时，专注力主要依托于其自身的兴趣，因此建议养育者为幼儿设置安静、舒适的阅读区，并将其与玩具区加以区分。设置固定的阅读区有助于培养幼儿的阅读习惯和专注力。

无须让幼儿过早识字

汉字和英语单词之间最大的区别是，汉字是象形文字，而英语单词是拼音文字，是字母排序后组成特定发音和意思的文字。

对于三岁以内的幼儿来说，识字其实就是一个认识图形符号的过程，他们看到的汉字和墙上的各种警示标志没有本质区别。举例来说，只要将图形符号和具体的发音一一对应，幼儿就知道“启蒙”这两个字对应“qǐ méng”这两个音。

然而，汉字和警示标志、各类图形符号是有区别的。汉字背后存在着更多抽象的概念和逻辑，这些是这个阶段的幼儿还不能理解和掌握的。如果认为幼儿把“音”和“字”对应上了就意味着其学会了这个字，那么这可是一个特别大的误区。这种简单的对应，就连狗、老鼠和鸽子等动物，在经过训练后也可以做得到。

因此，让太小的幼儿识很多字并不值得炫耀。语言和汉字是很高深的学问，让幼儿习得音和图形的对应关系只是迈出万里长征的第一步。养育者并不是不能教幼儿识字，只是这种行为的性质和教幼儿认识车标一样，切勿本末倒置或揠苗助长。

更换养育环境对行为习惯的影响

案例

因为疫情，妈妈带着幼儿在国内待了一年多，幼儿已经开始冒话了。家里的亲戚多，而且老人们对幼儿宠爱有加，如众星捧月般围在其周围。妈妈即将带幼儿回加拿大了，在那个小小的三口之家，很担心他有心理落差。

奶舅分析

我们从这个案例里可见，疫情对幼儿的成长轨迹影响深远。这次疫情也确实会对不少幼儿的早期发展带来一些问题。如果养育者没有及时发现问题并调整养育策略，那么疫情给幼儿带来的困扰会持续更久。

正如这个案例中的幼儿，因为疫情打乱了养育者原有的养育方式和养育策略，幼儿在多名养育者的环境里成长，语言和社交方面得到了很多的锻炼，对幼儿的发展来说是很好的事情。不过，养育者也意识到，这样“新的养育环境”并不是幼儿最常体验和感受到的，于是多少有些担心幼儿回到加拿大后，会因少了那么多养育者的陪伴而感到不适应。

关于这次疫情，我们观察到会给幼儿带来以下三方面的影响。

社交障碍现象增多

疫情使得绝大部分的幼儿明显减少了外出社交互动的机会和时长，这会让更多的幼儿到了三岁左右，不得不接触陌生环境的时候，出现更多的抵触情绪和适应问题。比如，我们追踪到在疫情期间，让本就谨慎和惧怕陌生的幼儿，在做社交适应任务时需要持续更长的时间，初次尝试社交适应任务时会出现躲在养育者身后或是抱大腿等行为。他们的这些抵触情绪和行为，使其适应陌生环境和做任务的难度加大。

语言发展迟缓问题增多

除了更容易出现的社交障碍现象外，我们还追踪到一至两岁的幼儿会因为疫情而使得养育环境和养育者单一问题变得更加突出。由于环境单一、沟通交流的人少，幼儿的语言需求变少，语言发展迟缓的问题逐渐显现出来，比较明显的行为标志是，到了两岁左右还只会说简单的叠音词。

运动认知能力发展受限

因为疫情，绝大部分幼儿都不得不被“困”在家里，运动的场地和环境极为有限，对幼儿的跑、跳、抓握等运动认知能力的发展带来了不同程度的限制。回到这个案例，疫情使幼儿在国内待了一年多，参与互动的养育者众多，为幼儿提供了大量社交和语言的需求与场景，对幼儿学说话和社交技巧都有很大帮助。然而，由于养育者要带幼儿回加拿大，那边的养育环境与之前的相比会显得“冷清”不少。

建议养育者在新的养育环境中，就社交互动、语言发展和运动认知这三个方面对幼儿进行有针对性的培养，帮助幼儿继续保持“热闹”养育环境中的优势，在新的环境中继续发挥作用。

由于疫情目前尚未稳定，因此不建议急于把幼儿带到人多的地方玩耍。养育者可以先尝试在家里多陪幼儿运动、看绘本、听故事和看有趣的科普视频，并尽量固定时间和频率，与幼儿一起和国内的家人通过视频交流。

奶舅温馨提示

环境的改变确实会对幼儿造成很大的影响，但这种影响起到的作用是积极的还是消极的，往往取决于养育者后续的养育方式和策略，因为这才是真正能对幼儿造成影响的内在原因。

更换养育环境会带来什么影响

幼儿阶段需要比较稳定和刺激丰富的养育环境，经常更换养育环境在一定程度上会增加新鲜的刺激，但也增加了幼儿适应的难度。从这个角度来看，更换养育环境对幼儿既有好处又有弊端，而且在此期间比较考验养育者的应对能力。

养育单一会给幼儿造成发展迟滞的问题，频繁更换养育者或养育环境，也同样会给幼儿的成长带来更多的阻力和负担，进而出现更多问题。具体来说，更换养育环境会给幼儿带来以下几方面的影响。

社交和语言需求增加，新鲜刺激增多

为了避免养育单一和两年极限现象，最好的方式就是养育者主动引入其他辅助养育者和幼儿互动交流，增加幼儿社交和语言等能力发展的需求，通过更高效、持续的互动，帮幼儿得到更好的发展。

养育者还可以通过增加养育环境的数量给幼儿提供新鲜的刺激，为幼儿的快速成长提供动力和机会。比如，在两个主要养育环境里交替生活成长，或者经常带幼儿外出旅行，这些都会给幼儿带来更丰富的环境刺激，幼儿的进步也会比较明显。

适应环境的过程比较艰难和辛苦

即使是成年人换一个新的工作或生活环境，也需要一定的适应时间。对于各方面发展都不成熟的幼儿来说，这个过程更加艰难和辛苦。然而，养育者往往很难发现幼儿在适应过程中遇到的困难，反而会认为幼儿不听话、不懂事，忽略了幼儿的主观体验和感受。

如果我们从适应外部环境的角度来理解，那么通常可以将幼儿的适应阶段分为以下两个阶段。

★ 一岁半之前，适应方式主要是被动接受。能被观察到的是其作息习惯被打乱，或者神情发生变化。
★ 一岁半之后，适应方式主要是抵触和拒绝，这是由于对原有的养育者和养育环境形成依赖而产生的问题。另外，这个年龄段的幼儿所具备的抵触和拒绝的能力，也让其很难适应新环境。

我们在追踪过程中发现，幼儿阶段适应环境通常需要一至三周时间，太过频繁地更换养育环境，或者在一些不该更换环境的时候做出改变，会让幼儿适应的过程更漫长和辛苦，在无形中增加了幼儿的负担。

幼儿的可塑性很强，但也很脆弱。我们需要根据幼儿的发展规律

和特点去关注和关心他们，帮助他们更好地适应新的环境，幼儿才能得到更好的早期发展。

更换养育环境时要注意什么

幼儿阶段更换养育环境时，需要根据以下年龄阶段的特点采取不同的应对方式，这样才能帮幼儿更好、更快地适应新的养育环境。

两岁前：注意幼儿的作息规律

幼儿在两岁前更换养育环境时，他所遇到的阻力和困难往往很难根据其行为体现出来，主要表现在作息习惯方面。因此，如果养育者需要在此时为幼儿更换养育环境，就要多注意幼儿的睡眠习惯是否发生了变化。如果发现幼儿情绪波动大，适应新环境阻力变大，就需要主动调整养育策略。

养育者可将主动帮幼儿培养新的作息规律作为突破口，也可以借此机会帮幼儿改掉之前的一些不良睡觉习惯（如吃手、睡觉黏人或其他奇怪的行为）。

两至三岁：利用情景模拟游戏演练

两至三岁的幼儿在适应新环境的过程中遇到阻力或问题时，通常会用语言或行为表达抵触或拒绝。如果养育者没有提前沟通和提供适应的方案，那么幼儿在来到新环境后，很容易出现强烈的抵触情绪，而且这种抵触情绪至少会持续一至两个星期。

养育者需要提前在熟悉的养育环境里跟幼儿一起玩情景模拟游戏，演练在新的环境中会遇到哪些问题，应该如何应对，用幼儿喜欢的方式引导和帮助幼儿适应新环境。

三岁之后：用逻辑引导和“探险”任务帮助幼儿

幼儿到了三岁之后，会逐渐出现情感爆发的情况，会对熟悉的养育者和养育环境产生一定的情感需求，怀念熟悉的环境，较难自己适应新的环境。由于这个年龄阶段的幼儿会更在意自己是否能够理解和接受周边的环境，因此逻辑引导对他们来说特别重要。如果他们逻辑上能接受和认可，往往就会对新环境产生更多好的判断，从而更主动地去适应。

对此，养育者需要多通过逻辑引导的方式，帮助幼儿理解为什么要更换养育环境。此外，如果养育者能通过各种有趣的“探险”任务去引导幼儿发现新环境中有趣的事物，调动幼儿适应新环境的积极性，并给予必要的肯定和鼓励，幼儿就能更好、更快地适应新环境。

避免养育单一与幼儿发展

案例

两岁男孩，其主要的养育者是妈妈。男孩除了在家玩和在校园里玩之外，每周还会有两天去邻居家和一个小孩玩，并在周日去家附近的小超市找另一个小孩玩。爸爸会单独带男孩吃早餐、取快递、去超市购物。寒暑假时，男孩会去奶奶和姥姥家玩。

奶舅分析

两岁是幼儿语言发展迟缓和社交障碍的分水岭，而语言发展迟缓和社交障碍也是因养育单一所致的行为表现。

在这个案例中，男孩正处在两岁这个阶段，从养育者提供的日常社交互动场景来看，男孩社交互动的场景分别是邻居家、周边小超市、爸爸简单陪玩。这些社交场景其实更适合一岁半之前的幼儿，因为都是比较小且熟悉的场景，对两岁的幼儿而言则有些不够丰富和多样，他们更需要去空旷且有丰富刺激的环境中玩耍。

不过，由于案例中并没有提到幼儿在语言发展和社交方面的表现，因此没有充分依据说明幼儿的养育环境单一。那么，如何在日常生活中判断幼儿的养育环境是否单一呢？

如果幼儿到了两岁左右还只会说简单的叠音词（如“爸爸”“妈妈”），就说明幼儿已经出现了语言发展迟缓问题。如果幼儿到了这个年龄在外出时遇到任何人，都表现出怕生、躲身后和抱大腿的现象，就说明幼儿有社交障碍。

幼儿在两岁前，养育者需要科学合理地给幼儿提供环境刺激，并与幼儿进行互动游戏，这样就能有效避免幼儿到了两岁左右时出现语言发展迟缓问题和社交障碍。如果幼儿到了两岁左右，还不能清晰、简单有逻辑地表达自己的想法，养育者在外出社交时就要需要鼓励幼儿表达。如果幼儿能流利表达，那么养育者则需要引导幼儿自主社交和互动。

如果幼儿在两岁左右时没有出现上述情况，并且能清晰、有逻辑地表达，遇到感兴趣的人或场合愿意去探索和完善，养育者就不用担心养育单一的问题了。

奶舅温馨提示

养育者要对养育环境单一问题引起注意，并重视这个问题。提醒那些幼儿还小的养育者，两岁是一个很关键的年龄节点，养育者要及时观察两岁左右的幼儿的语言发展和社交能力的发展状况。其中，语言是最外显的能力，也是最易被观察到是否有问题的。如果发现幼儿语言发展明显慢于周边的同龄幼儿，养育者就需要特别注意了。

如何避免养育环境单一的问题

要想避免养育环境单一的问题，并不意味着赶紧把幼儿丢进人堆里，让其与别人互动玩耍。

幼儿对陌生人和陌生环境的适应都需要一个过程。如果幼儿被某个陌生人或陌生环境惊吓到，或是因此被传染生病，那么这都会影响其后续的行为发展。因此，建议养育者先带着幼儿在熟悉的场景中互动学习，在幼儿掌握了基本的技巧和方式后，再带着幼儿去不同的陌生场景里实战和示范，逐渐增加幼儿熟悉场景的数量，掌握更多的社交互动的技巧和策略。

此外，很多养育者可能会认为，幼儿在三岁之前什么都不懂，去什么地方也都记不住，因此带幼儿外出旅行没有意义。其实不然，一方面，可以让幼儿在新的又没有特别多的陌生人参与的环境中，感受和理解新的规则；另一方面，幼儿可以接触到更丰富的外界环境刺激。这两方面加起来，能让幼儿快速成长。

如何解决养育环境单一的问题

要想解决养育环境单一的问题，需要从两个角度来思考：（1）幼儿的发展规律和养育策略的变化；（2）养育环境。

幼儿的发展规律和养育策略的变化

从幼儿发展规律来看，如果希望幼儿发展更好，避免出现养育环境单一问题，那么在幼儿一岁半之前，养育者要带着幼儿去不同的社交场合玩耍，而不是让幼儿自己去玩。因为幼儿在一岁半之前，普遍不具备独立社交的技巧和能力。幼儿到了一岁半之后，主要养育者要有意识地主动引入更多的辅助养育者，增加熟悉的成年人和幼儿交流互动的机会，帮幼儿更好地学习和模仿互动技巧。

需要特别强调的是，由于幼儿在两岁前的抵抗力比较弱，因此养育者需要先在家里教幼儿如何互动，帮其学习互动技巧、积累经验。然后，再带幼儿去人少（尤其是幼儿少的地方，人数最好不要超过10人）的地方进行实战和模仿。这样不仅能有效避免幼儿被传染疾病，还能帮其树立自信、感受互动的乐趣。此外，不建议去没有专业老师陪伴的场所（如商场中的游乐场），因为在游乐场玩耍的低龄幼儿尚不具备社交互动技巧，他们之间的互动不会对其社交能力有实质性帮助且具有交叉感染疾病的风险，所以需要有专业的老师或养育者现场指导。

养育环境

养育环境分为家庭环境和外部环境。

影响家庭环境的因素包括以下几点。

- ★ 养育者的多少和互动的质量高低；
- ★ 家庭中玩具、绘本的数量；
- ★ 玩具区和阅读区的设置是否符合幼儿的发展规律。

比如，一至两岁既是语言发展的关键时期，也是规则意识培养的关键时期，养育者需要清空玩具区内的物品，增加真人互动。

外部环境主要指幼儿在家庭之外经常活动的场所，如小区、商场、公园等。幼儿进入这些地方可以获得更丰富的环境刺激，促进其能力发展。养育者需要进行主动引导和示范，教幼儿理解和掌握这些场合中的规则。比如，进入图书馆、坐公交时不能大声喧哗，小区和公园里的设备需要排队使用等。

这次疫情对家庭环境的影响有限，但对外部环境的影响很大，使得很多养育者和幼儿都被困在家里。少了这些外部环境的刺激和互动，幼儿的语言发展、社交能力和运动能力都会受到不同程度的影响。

如果养育者发现了养育环境单一给幼儿发展带来困扰，就需要尽早调整养育策略和方式。

如今，越来越多的幼儿出生和生长在高楼里，邻里之间变得越来越陌生，幼儿之间互动学习的机会变得越来越少。再加上疫情持续的时间较长且情况不稳定，使得养育单一问题变得越来越普遍。这需要引起广大养育者的关注和重视，未来也期待政府和机构出台相关的政策和应对措施，为养育者和幼儿提供更好的养育环境。

家庭养育模式对行为习惯的影响

案例

女孩，四岁，语言表达能力极强。妈妈和姥姥是主要养育者，其他人都是辅助养育者。养育者在管幼儿方面，采用“抓大放小”的原则。遇到问题，养育者常会对幼儿这样说：“我要是也这样对你，你有什么感觉？”

妈妈自述，老人平时很宠幼儿，但是在妈妈管幼儿时，老人绝对不插手。

奶舅分析

案例中的幼儿四岁，语言表达能力极强。这是因为在遇到问题时，养育者常会对幼儿说“我要是也这样对你，你有什么感觉”。养育者愿意与其沟通交流，一起解决问题，而不是强迫幼儿被动接受或为所欲为。这就为幼儿提供了合理表达想法和诉求的沟通渠道，非常有助于幼儿的早期语言和社会适应能力的发展。

案例中的家庭，属于典型的友好协商型家庭养育方式。接下来，我将详细拆解和分析这个案例，看看有哪些值得学习和借鉴的细节。

养育者主次分明

在养育以及亲子互动时，养育者主次分明，这样可以让幼儿有更稳定的成长环境。由于养育者有主次之分，而不是由某一位养育者长期带幼儿，因此不仅能有多个人可以陪伴幼儿、与之互动，从而促进其发展，也能让各位养育者有足够多的休息和调整时间。这样一来，养育者们的精神状态和情绪状态都是相对稳定且积极的。

有统一的家庭规则和秩序

在遇到问题时，养育者有比较统一的应对思路和策略——抓大放小，给幼儿提供沟通表达的渠道。养育者在小错误和小问题上不过分追究，减少了很多本不必要的亲子冲突，让幼儿的成长有更多自主探索和试错的机会。当遇到大问题、妈妈需要管幼儿时，老人并不会插手，这让养育者在处理问题和解决亲子冲突时更加得心应手，幼儿也会更愿意接受和遵守家庭规则。

运用共情和换位思考来帮助幼儿解决问题

共情和换位思考的能力并不是与生俱来的，需要养育者在亲子互动过程中引导和启发。

在这个案例中，当遇到问题时，养育者常会对幼儿这样说："我要是也这样对你，你有什么感觉？"也就是说，养育者运用共情和换位思考来帮助幼儿解决问题，即调动幼儿的积极性和主观感受，而不是要求其被动接受。

虽然养育者这样做会更辛苦，效果呈现的时间也更漫长，却能让幼儿通过大量感知和体验，逐渐内化成自己的规则和态度，这不仅有助于幼儿的长久发展，也有利于家庭更好发展。

奶舅温馨提示

友好协商型的家庭养育方式有诸多好处，但在操作层面上有着这样或那样的阻力和困难，养育者需要根据自己家庭的实际情况和幼儿的发展特点找到适合自己家庭的互动和成长模式。

常见的家庭养育模式

绝对权威型

绝对权威型家庭养育模式的主要特点是，有一位强势的主要养育者，在亲子互动过程中会以自己的规则为依据，强制幼儿必须接受和遵守，否则幼儿就会受到惩罚。这种模式在现实养育场景中最为常见，有以下两个原因。

★ 由于都是幼儿单方面地接受，因此绝对权威型能有效减少亲子冲突和矛盾。

★ 养育者认为幼儿还小，什么都不懂，只需要被动接受和学习就可以了。多数养育者都是这种想法。

如果养育者对幼儿早期发展规律和特点不够了解，对幼儿的尊重和引导不够，就很容易在家中形成绝对权威型，让幼儿变得听话和乖巧。然而，我们通过持续追踪发现，这种家庭养育模式容易让幼儿形成以下两种极端：

★ 幼儿在强压之下变得顺从和懦弱；

★ 幼儿在压迫中奋力反抗，出现打“皮”了的情况。

逆来顺受型

在有老人参与的家庭里，逆来顺受型家庭养育模式很常见。主要特点是，幼儿一哭闹，养育者就会想各种办法满足和支持幼儿。家里形成这种模式，主要有以下两个原因。

- ★ 一岁前，幼儿哭闹时不得不满足和逆来顺受。随着幼儿的成长，养育者的养育策略一直延续而不进行调整。
- ★ 养育者心疼幼儿，或者觉得幼儿还小，需要被关心和照顾。

虽然同样认为“孩子还小”，却采用了与绝对权威型家庭养育方式不同的应对方式。绝对权威型养育者认为，孩子还小，什么都不懂，只需要被动接受和学习就可以了，这其实是对幼儿的早期发展存在误解。逆来顺受型养育者认为，孩子还小，什么都要代劳，属于自我感动。此外，采用逆来顺受型家庭养育模式的家庭，由于幼儿随着年龄增加但是能力没有得到及时锻炼和培养，家庭矛盾和亲子冲突也会越来越不可调和，因此会出现更多问题。

友好协商型

友好协商型属于最难建立也是最长久的家庭养育方式，主要特点是养育者会根据幼儿的实际发展情况，给幼儿提供或引导其采用不同的表达方式或沟通渠道。当遇到问题时，养育者会给幼儿申诉和表达的机会，而不会因为幼儿还小，就让其被动接受或代劳。

然而，这种类型的家庭养育方式却是最难建立起来的。因为幼儿阶段的发展速度极快，养育者不仅需要根据幼儿的发展规律和特点及时进行调整，还要在幼儿哭闹的时候，引导和鼓励幼儿用身体语言或说话的方式表达出来。

不管是哪种家庭养育模式，都受复杂的家庭因素影响。养育者不要过分自责或羡慕其他的家庭模式。每种方式都各有利弊，养育者需要了解自己的家庭特点和养育模式，在冲突和矛盾中找到更多能帮助和启发幼儿的机会，与幼儿共同进步。

如何形成适合自己的家庭养育模式

我们在追踪时发现，家庭模式往往固若金汤，因此我们能做的只是接受这个事实。在和幼儿互动后，在与养育者做家庭咨询访谈时，与养育者一起寻找可能的解决方案。如何形成适合自己的家庭养育模式呢？我们可以从以下几方面着手。

制定明确的规则

养育者需要在幼儿一至两岁时，为幼儿建立明确的家庭规则。比如，日常生活作息和习惯，都需要有强制性的家庭规则，全家人都必须遵守。

在此基础上，养育者可以通过奖励和鼓励的方式，引导幼儿更好地适应和自主建立规则。幼儿在家庭内部养成规则意识，是其适应社会化规则的大前提，制定明确的规则能有效减少亲子冲突。

等幼儿到了两岁以后，为了进一步减少不必要的亲子冲突，养育者需要建立简单直观的时间规则来帮幼儿培养时间意识，这也能培养幼儿养成良好的时间观念和规划能力。

为幼儿提供表达诉求的沟通渠道

三至四岁是幼儿情感第一次爆发的阶段，幼儿会更在意养育者是否关注和关心自己，有时还会用一些极端行为去博关注。

情绪和情感表达对幼儿的发展越来越重要，养育者需要为幼儿提供表达诉求的沟通渠道，并鼓励幼儿勇于和善于主动表达自己的想法和感受。

比如，养育者和幼儿在睡前聊天、复盘，给幼儿提供不会受到惩罚的倾诉和表达的渠道，鼓励幼儿愿意主动地向养育者表达诉求和想法，之后和幼儿一起想办法解决和应对。

建立养育者之间的常规沟通方式

我们在追踪过程中发现，很多亲子间的冲突实质上是由养育者之间的冲突所致，包括养育观念上的冲突、临场应对策略的冲突，以及将家庭的其他矛盾转移到幼儿身上。

养育者需要在幼儿出生前或一岁之前，就在家里建立简单有效的养育者之间的沟通方式。当幼儿遇到问题时，大家能够对最基本的原则问题达成共识，共同应对和引导幼儿学习和成长。尤其是有老人参与的家庭，更需要尝试建立适合自己家庭的家庭规则和沟通方式，避免把属于养育者之间的冲突和情绪情感宣泄给幼儿。

养育幼儿是一个复杂的、系统的大工程，需要以家庭为单位共同努力。任何由多个人协作的攻坚团队都需要有明确的分工，才能更持久、更好地发展下去。

家庭权威的建立

案例

幼儿快四岁了。家里没有所谓的“权威”，而是谁有理谁说了算。家中养育者坚持“抓大放小、情绪优先”，原则之上都可以商量，原则之下必须遵守。养育者自述，幼儿和谁的关系好（这取决于长期亲子关系建立的情况），就更愿意和谁商量。养育者是幼儿的重要参考对象，因此养育者会认真思考自己的一言一行，对幼儿起到榜样作用。

奶舅分析

案例中的养育者属于很典型的相对权威型，即什么时候要扮演家庭权威的角色并不会一概而论，而要视情况来定。

幼儿阶段，养育者通常采用以下三种方式建立家庭权威：

★ 通过严厉的家规和惩罚，让幼儿屈服和恐惧；
★ 通过长期互动，建立起明显的依赖；
★ 通过奖励和鼓励，让幼儿懂得规则。

案例中的养育者采用了第三种方式来建立家庭权威。虽然养育者强调家里没有权威，但谁有理谁说了算，这本身就存在一个对“有理”拥有解释权的人，这个人可能并不固定。

然而，为幼儿建立起合理解释和处理矛盾的原则和规则，这本身就已经建立起了家庭权威。如果幼儿有了想法和诉求，或者与养育者之间产生冲突，那么幼儿就可以足够信任养育者，并表达自己的情绪和想法。

这种建立家庭权威的方式会比较辛苦和复杂，而且过程比较漫长，原因如下：

★ 需要有长时间亲子互动的基础，养育者需要足够了解幼儿的情绪情感变化、想法和诉求的表达方式等；
★ 养育者在解决矛盾时，很耗费时间、精力和体力，还有一些复杂的亲子矛盾是不可调和的，很考验养育者的耐心和智慧，以及后续的执行力。

不过，我们鼓励养育者主要采用这种方式建立相对权威，给幼儿提供表达诉求和想法的渠道。

由于养育者通常会从自己的角度去看问题，并且幼儿处于亲子关系中的弱势一方，因此对幼儿来说，如果养育者能够接受和理解幼儿的哭闹和情绪变化，并坚守自己的原则和底线，还能给幼儿提供解决问题的思路和办法，那么这本身就是一种亲子沟通的奖励措施；相反，如果养育者通过冷暴力的方式不回应也不处理，那就是对亲子沟通的一种惩罚措施。

在发生亲子冲突时，如果养育者能够愿意选择对话和讲道理的方式与幼儿一同解决问题，那么幼儿的感受会影响其之后表达情绪和诉求的方式，并且能让幼儿在长期的互动过程中，更有耐心和意愿表达自己的情绪和诉求。

我很赞同这个案例中养育者的自述："幼儿和谁的关系好（这取决于长期亲子关系建立的情况），就更愿意和谁商量。养育者是幼儿重要的参考对象，因此养育者会认真思考自己的一言一行，给幼儿做好榜样。"

没有万能的教育，也没有完全正确的养育方式，仅仅是家庭权威的建立就有多种方式。每种建立家庭权威的方式都各有优缺点，只有根据自己的家庭实际情况和幼儿的个性特点，找到适合的方式才是好的养育方式。

建立家庭权威的方式

如前所述，养育者通常采用以下三种方式建立家庭权威。

通过严厉的家规和惩罚，让幼儿屈服和恐惧

这种方式通常会延伸出绝对权威型养育方式。也就是说，当出现亲子冲突和矛盾时，养育者会倚仗自己权威和强势地位，对孩子进行单方面压制。

在这种家庭中，亲子冲突少。因为在亲子互动时，养育者和幼儿之间地位太过悬殊，养育者没有给幼儿保留实质的沟通渠道，幼儿会在长时间的亲子互动中逐渐变得适应和屈服养育者。顺从也成为幼儿在这种养育方式下最好的，也是别无选择的应对方式。

长期互动，建立起明显的依赖

这种方式会演变成无权威型养育方式。也就是说，养育者长时间以满足和妥协的方式来应对幼儿的需求和想法，幼儿会对养育者产生明显的依赖，这会在幼儿外出接触陌生的环境和人时尤为明显。

我们追踪发现，在这种家庭中，亲子冲突少。幼儿会表现为“窝里横”，养育者拿幼儿没办法，但在陌生环境里，幼儿则会表现出惧怕或冒失两种极端状态。

通过奖励和鼓励，让幼儿懂规则

这种方式会演变成相对型养育方式。这种方式往往很复杂，出现的情况也会因不同家庭情况有所差异，特点是亲子冲突多且复杂。我最推荐和鼓励这种方式，原因在于，前两种方式其实分别是通过“强压”和“温水煮青蛙”的方式，让幼儿在养育者面前分别变得“麻木”和“乖巧”，这对幼儿发展并不是好事情。

幼儿阶段是各种能力快速发展、想法和诉求集中爆发的阶段，亲子冲突必然很多。养育者需要借助规则秩序、权威压制、沟通协调等多种方式，帮助幼儿建立良好的行为处事方式。

家庭权威必然会出现强势和压制的情况，这对养育者的考验更大，即是否能做到对事不对人，是否真的想要解决问题，而不是让冲突或争议立即消失。能建立起家庭权威的养育者，在亲子互动过程中更容易掌控局面，幼儿也更愿意配合和遵守规则；相反，如果家庭权威建立得不好，养育者很容易抢夺了幼儿独立选择和判断的机会。

由于幼儿的学习和成长对养育者有强依附性，即双方的强弱势关系非常明显，因此养育者需要通过制定规则秩序、权威示范和引导等方式，帮助幼儿更快地掌握一些基本技能。这个过程对养育者的考验往往是全方位的，需要养育者多尝试、多调整，找到合适自己和幼儿的相处模式。

如何建立家庭权威

很多养育者都在强调规则和信任，其实，在建立家庭权威的过程中，这二者只是最基本的组成部分，除了和幼儿制定规则、建立信任之外，还有很远的路要走。

在幼儿阶段，养育者至少需要经过以下四个步骤来建立家庭权威。

步骤1：制定规则

不管是规则制定还是监督执行，家庭权威都需要为幼儿制定明确的规则。

通常从幼儿一至两岁起，培养其规则意识较为适宜。比如，养育者可以给幼儿划分出玩具区域，让幼儿知道在这个区域内是属于他自己的“领地”，区域外是由养育者主导的。这是一种明确的行为规则，可以有效减少亲子冲突，有助于幼儿规则意识的发展。不过，需要注意的是，养育者能与幼儿制定明确的规则，并不意味着就一定能够建立起信任，因为信任远比规则更加复杂。

步骤2：建立信任

亲子间信任的建立通常最需要的是时间。时间能给亲子带来熟悉和了解，并形成默契，从而有效减少亲子互动和沟通的成本，还能在大量亲子互动场景中逐渐建立起信任。

不过，我们经过观察发现，在幼儿阶段，这种亲子间的信任是动态变化的，可能会因为养育者的应对方式不妥或是没有跟上幼儿的实际发展情况而发生变化。比如，可能会因为养育者某一次的承诺没有兑现而逐渐让亲子间的信任崩塌。

因此，要想建立长期有效的亲子信任，不仅需要养育者的应对方式和养育策略有动态变化，更需要养育者能够在大量亲子互动的场景中遵守规则和承诺，能减少幼儿产生“为什么你可以但我不可以”的认知冲突。

步骤 3：建立通畅的沟通渠道

由于幼儿在早期阶段表达情绪和想法的方式主要是哭闹，因此亲子间很难建立起实质性的沟通对话渠道。在幼儿到了两岁之后，具备了语言能力，养育者就需要为幼儿建立通畅的沟通渠道。这是建立良好家庭权威的必备要素。

通畅的亲子沟通渠道对幼儿的早期成长特别重要，也能有效帮助幼儿学习和理解规则、巩固亲子信任。如果养育者能够在发生亲子冲突时蹲下来和幼儿耐心交流，并为幼儿提供解决办法的思路和方式，就更有可能让信任和权威持续下去，也能让幼儿更愿意和养育者沟通，并成为规则的执行者和拥护者。

步骤 4：为幼儿提供成为权威的机会

这一步最关键。我们追踪发现，幼儿阶段的很多亲子冲突，都是由于幼儿不能理解养育者想要干什么、养育者觉得幼儿不懂事造成的。这又与幼儿阶段各方面都还未发展成熟有很大关系，两者很难调和。

因此，我们需要尝试为幼儿提供成为权威的机会，并成为一部分规则的制定者和监督者。如果幼儿能够站在规则制定者和权威方的角度，就会对规则和互动有更多的感受和体验，将有助于化解亲子矛盾。

这个逻辑类似于“不养儿不知父母恩”。只有让幼儿身处类似的位置，才能让其产生更多的共鸣，切身体会和感受到规则制定的不易、执行过程中会遇到的问题和麻烦，这样他们才更有可能理解和支持养育者的应对方式，推进亲子双方对于规则的理解和认识，让信任变得更加持久和可靠，并有持续的动力去维护沟通渠道。

第 7 章

• • •

幼儿基础能力的发展与培养

幼儿阶段的能力发展可以被分为这样三个层次：感知世界能力、理解成长能力和适应未知能力。其中，感知世界能力是幼儿基于生理发育成熟，自然而然地发展出来的能力，属于基础能力的范畴，包括大运动、精细动作、语言能力、社交互动能力、情绪表达能力。这些基础能力，往往只要有足够的环境刺激就可以得到发展，但需要养育者根据幼儿实际的发展情况，不断调整环境刺激。

大运动的发展与培养

案例

家有二宝。老大到了三个月时，还不会翻身，妈妈对此感到很焦虑，生怕幼儿发育不良。在生了老二后，妈妈淡定多了，没那么焦虑了。因为妈妈意识到，每个幼儿的成长速度都是不一样了，只要没有病理问题，就没必要和别人做过多比较，任由幼儿自由发展即可。

奶舅分析

这个案例提醒我们，养育经验在亲子互动场景中非常重要，我也很希望有更多焦虑的新手父母看到这个案例。个体差异和后天环境都会对幼儿带来发育、发展方面的差异，其中大运动是最外显、最易被观察到的能力。

随着网络的普及，不少养育者都会通过网络学习育儿知识，还可能会关注不少博主。很想提醒广大的养育者，千万不要拿自己家幼儿和网络上看到的那些幼儿比较，因为网络上的内容大多是经过筛选过滤的，博主会把自己家幼儿好的一面与别人分享，给人一种“别人家孩子”的感受，这是人之常情。

如果养育者看到别人家同龄的幼儿可以爬了、可以走了，就会不由得为自己家幼儿怎么没有那么厉害而感到焦虑，从而在无形中增加养育负担。养育者要做的是，用当前的状态和幼儿之前的状态做比较，可以用其他同龄幼儿作为参考，如果别的幼儿的发育速度明显更快，那么不妨多去请教学习。

案例中的妈妈在生了老二后，认为“只要没有病理问题，就没必要和别人做过多比较，任由幼儿自由发展即可”。我对这个观点只认同一半，因为我们在对大量幼儿及其家庭观察和追踪时发现，不同家庭之间的差距很大，这并不只是指经济条件，还包括幼儿成长的环境存在很大差异。比如，有的家庭有很宽敞的空间让幼儿爬行和跳跃，有的家庭则没有。

奶舅温馨提示

大运动是很外显的能力，养育者要多观察，多和幼儿互动。如果发现存在一些生理方面的问题，那么及时就医就能得到科学合理的帮助，不会带来严重的影响。还要提醒养育者的是，大运动的发展和语言发展类似，没有太多捷径可以走，需要多给幼儿探索和尝试的机会。

可能影响大运动发展的因素

气候、环境

同一个地区，冬天出生和夏天出生的宝宝，在后天环境方面会遇到很不一样的情况，因为天气变冷后，厚重的衣物会影响幼儿自主探索，使得幼儿在很多方面的能力得不到很好的锻炼和尝试。

由于养育者在冬天时也会担心幼儿生病，因此带幼儿去户外的机会比夏天时会少很多。然而，如果幼儿长时间待在家里，就很难及时锻炼户外的运动能力，这在一定程度上影响了幼儿大运动能力的发展。

养育者的互动方式

如果抱得过多，就无法给幼儿足够的时间和空间去自主探索，也会对幼儿的大运动发展带来影响。幼儿在出生后的半年里，出门时几乎都得由养育者抱着或是躺在小车里。久而久之，养育者也会产生很强的惯性和依赖性，当幼儿可以自己站立或走路时，养育者仍然会在做很多事情时习惯性地把幼儿抱起来。这样一来，幼儿就会想要轻松“偷懒”，很多需要不断练习的大运动能力就得不到锻炼。

不管是外部的气候、环境还是养育者的互动方式（如抱得太多），都会影响幼儿大运动能力的发展。养育者最需要做的是多了解相关的科学知识、幼儿能力的发展，再多去观察和及时总结经验，这样才能帮助幼儿更好地成长，掌握更多运动技巧，培养更好的运动能力，从而让幼儿从中感受到乐趣，树立自信心。此外，多带幼儿到户外，与幼儿一起享受阳光和新鲜空气，也能促进亲子感情。

幼儿大运动发展的规律

我们在追踪过程中发现，幼儿的大运动发展遵循以下规律：

★ 六个月能独自坐立，九个月会爬，一岁能站立或扶着走路；
★ 一岁半可以拿起东西完成投掷动作，两岁左右能上下楼梯；
★ 两岁半能单脚站立，三岁能熟练翻爬，三岁半至四岁能跳跃并会踢球射门；
★ 四至五岁逐渐能接住飞来的毛绒玩具，五至六岁能熟练用手拍球。

需要提醒养育者的是，每个幼儿都存在个体差异，家庭养育环境也会很不一样，幼儿之间的大运动发展速度也有快慢之分。运动能力，尤其是大运动，受生理结构遗传的影响最大。与其他能力相比，幼儿在接受大运动能力锻炼时的反馈和成长速度也会表现出很大的差异。

我们在追踪过程中也发现，以下两种情况与大运动发展最为相关。

幼儿不情愿做锻炼和尝试

幼儿不愿意做锻炼和尝试，几乎贯穿整个幼儿阶段。

幼儿在一岁前不配合，主要是因为养育者让幼儿做的翻身、爬行和站立训练任务有挑战、有难度，做起来比较费劲，从而使幼儿表现出不情愿和抗拒。

一岁半至两岁半是自主意识爆发的阶段，幼儿开始有了自己的想法和主意，往往会与养育者的想法发生冲突。比如，养育者希望幼儿走路或踢球，但如果幼儿想要休息，就会表现出不情愿。

两岁之后，幼儿的自主意识逐渐成形，有了自己的想法和处事风格，不少幼儿会出现故意不做、与养育者对着干的情况。尤其是在那些让幼儿无法产生持续兴趣的运动项目中，幼儿会不愿意继续尝试，因此很容易产生亲子冲突。

跳跃和攀爬时，幼儿会感到恐惧

两岁前的大运动技巧，并没有太复杂或太大难度，只要幼儿生理发育正常，迟早会发展出来，只是技能掌握的水平会各有不同。两岁之后，幼儿能跑能跳了，这时则会遇到复杂的场景，危险和困难也会相伴出现。有的运动场景中会存在高度，还可能有很多复杂的设施，这些都会给幼儿的分析和判断带来不确定性。

有的幼儿会在跳跃和攀爬的过程中感到恐惧，进而影响大运动能力的尝试与锻炼。我们在追踪过程中发现，很多养育者在这个方面会存在这样的误区：在让幼儿做一些大运动的训练时，如果幼儿不配合，就不再让幼儿接受这方面的锻炼，久而久之，幼儿这方面能力的发展速度很可能会被人为地耽误了。

建议养育者在培养幼儿大运动能力时，主要采用兴趣吸引的方式，并结合幼儿在不同发展阶段的特点，有针对性地进行引导以及和幼儿互动。比如一岁前，幼儿处于颜色阶段，可以给幼儿看一些亮色的卡片或物品，通过移动它们来引导幼儿主动翻身或走路；两岁半之后，幼儿处于结构阶段，养育者可以用无实物表演的方式，让幼儿对一些运动产生兴趣。

精细动作的发展与培养

案例

幼儿两岁。能自己剥一头蒜，不仅能把蒜剥得很干净，而且能在剥蒜后把桌子收拾得很干净。养育者没有特意对幼儿进行精细动作的训练，大人做什么就带着幼儿做什么。

奶舅分析

这个案例非常生动，两岁的幼儿不仅能独自把一头蒜剥干净，还能把桌子收拾干净。这充分说明，养育者平时给幼儿的示范非常好，在家里会和幼儿有很多亲子互动，也帮幼儿培养了良好的生活习惯，特别棒。

养育者对幼儿的行为进行了归因，表示并没有特意对幼儿进行精细动作的训练，大人做什么就带着幼儿做什么。这个案例也提示我们，在日常生活中的各种互动场景中，存在着特别多的训练幼儿精细动作的机会。比如，教幼儿拿勺子自主吃饭、和幼儿玩投掷类游戏、和幼儿一起做家务（如擦桌子、扫地、拖地等），都能锻炼幼儿的精细动作。

不过，我们之前也在很多追踪的幼儿家庭中发现，有不少养育者为了图一时的方便会选择全程喂饭，自己或保姆代幼儿完成日常家务劳动，几乎不给幼儿锻炼精细动作的机会。

精细动作，主要是指手部的精细化和手眼协调的动作。只有在大量实践场景中反复使用和训练幼儿的精细动作，才能促使幼儿熟练掌握基本的生活技能。与语言能力的发展一样，精细动作能力的发展也是没有捷径可走的。如果没有及时给幼儿锻炼机会，就容易造成幼儿无法具备完成某种行为（如使用勺子吃饭）的能力。要是幼儿一直做不好，就很容易打击幼儿的自信心，也会影响养育者对幼儿能力发展的评价。

幼儿阶段的精细动作的训练有很多种，包括刻意的系统化训练（如串珠子），以及日常生活中的训练（如自主进食）。案例中的训练属于后者。

在日常生活中，养育者可以试着把一些家务交由幼儿来完成。比如，在吃完饭后和幼儿一人一块抹布，养育者负责擦拭餐桌，幼儿负责擦拭自己的小餐椅或餐盘。这个过程更像是一种亲子间的互动游戏。幼儿能在一定程度上帮助养育者“分担”一部分家务，也有助于他们培养“自己的事情要自己做”的意识，同时还能进行精细动作的训练。

在上文中，之所以给“分担”加上了引号，是因为幼儿往往会因为贪玩、好奇、精细动作能力不够而容易帮倒忙。当然，这种帮倒忙的情况只是暂时的，需要养育者根据幼儿的兴趣点和实际发展情况，给幼儿分配一些较容易完成的家务劳动，慢慢增加难度。幼儿能在这个过程中逐渐锻炼成养育者的小帮手，既能训练幼儿的精细动作能力，又能缓解养育者的身体和精神压力。

奶舅温馨提示

建议养育者向这个案例中的养育者学习，平时多耐心地给幼儿示范和手把手地教幼儿做家务，幼儿肯定能成为一名称职的小帮手。

精细动作发展的特点

在幼儿心理发育量表中有五个测评维度，分别是：大运动、精细动作、适应能力、语言发育和社交行为。在这五个测评维度里，和运动相关的能力有两个，虽然这跟运动和语言方面的能力最外显、最容易测量的特点有关，但这也能够说明运动方面的发育和发展情况对幼儿来说是至关重要的。

大运动主要指头部、颈部、躯干和四肢幅度较大的动作，诸如爬、走、跑、跳。而精细动作主要指手部的动作，以及与之配合出现的手眼协调能力。常见的行为包括手脚抓握、握笔涂画、使用刀叉和筷子等。

接下来，我们可以通过幼儿心理发育量表的测试题目，来了解幼儿阶段精细动作的以下发展特点：

★ 10~12 个月，能抓起画笔随意涂画；

★ 12~18 个月，能模仿养育者用笔画线；

★ 18~24 个月，能完成串珠子游戏；

★ 24~30 个月，能穿 3~5 个扣子；

★ 30~36 个月，能模仿画圆或画十字。

我们根据这些不同月龄的精细动作任务不难发现，幼儿阶段的精细动作是一个从随意到能够自如控制的发展过程。两岁前，幼儿精细动作更多的是完成一些简单的单次任务。二到三岁，不管是串珠子的任务还是系扣子的任务，幼儿都需要将几个简单可重复的动作相结合。到了三岁左右，幼儿已经具备了控制自己的手眼完成模仿和绘画任务的能力。在这个过程中，不但需要幼儿的骨骼和肌肉发育得很好，能提供力量支撑，还需要其具备手眼之间的反馈、协调和控制能力。

因此，养育者需要基于幼儿精细动作的发展规律，并结合自己家幼儿的实际情况，给幼儿提供各种亲子互动游戏和任务，帮助幼儿的精细动作得到锻炼。此外，运动能力往往更容易受到年龄的影响，即幼儿在某个阶段，可能很难做到很多手部的精细动作，但是到了一定的年龄阶段，养育者就会惊讶地发现，幼儿可以完成一些之前根本不会的动作。

需要提醒养育者的是，虽然大运动和精细动作确实有很明显的年龄发展特点，但前提一定是养育者为幼儿提供了足够丰富的环境和锻炼机会。如果没有给幼儿提供使用勺子或辅助筷子自主进食的训练机会，一直给幼儿喂饭，那么幼儿可能到了三岁也不见得能够完成自主进食的动作。

养育者要多观察幼儿的能力和行为特点，根据其生理发育和心理发展的客观规律，结合幼儿和自己家庭的实际情况，给幼儿提供各种精细动作锻炼的机会，适当放手鼓励幼儿多尝试和动手操作。这样才更有可能在某个瞬间给养育者带来惊喜，而不是让养育者感到焦虑和担忧。

锻炼精细动作的方法

精细动作的发展，不仅需要幼儿自己的发育和尝试，还需要养育者根据对幼儿实际能力的观察，对其进行有针对性的指导和示范。这样才能让幼儿在运动方面，尤其是精细动作，获得长足进步。

运动能力的发展，能完成有挑战性的任务，可以在很大程度上帮助幼儿收获更多快乐和自信心。这些早期的自信心，可以在其他方面帮助幼儿获得更多的成长。养育者可以根据幼儿的年龄特点，通过以下两种方式锻炼幼儿的精细动作。

任务训练

养育者可以通过不同难度系数的任务（如为幼儿提供一些玩具或是与幼儿做游戏），锻炼幼儿的精细动作。方法如下。

★ 12~18 个月，养育者可以试着和幼儿在玩具区内玩大块积木，给幼儿示范如何把两块积木拼接在一起，之后鼓励幼儿完成两块积木的拼接和组装。在幼儿完成后，要给幼儿鼓掌和点赞，鼓励幼儿。

★ 18~24 个月，养育者可以试着给幼儿进行串珠子或系纽扣的训练，把任务简化成几个简单步骤，指导和鼓励幼儿独自完成。

★ 24~30 个月，养育者可以试着引导幼儿完成小木块垒砌或搭桥任务，示范如何让小木块垒在一起，或者搭出不同的形状。

★ 30~36 个月，养育者可以试着给幼儿提供画笔，让幼儿完成简单图形的涂鸦，这不仅能帮助幼儿练习如何把所看所想通过手指和笔画出来，还能培养幼儿的审美意识。

日常活动训练

养育者还可以通过家里的日常行为活动锻炼幼儿的精细动作，如做家务、自主吃饭、亲子互动等。方法如下。

- ★ 12~18 个月，养育者可以试着让幼儿使用勺子完成自主喂食的任务。养育者要先给幼儿把勺子里填上饭并压实，然后给幼儿做示范并鼓励幼儿完成拿起勺子喂到嘴里的动作，之后再逐渐拆解动作，提高任务难度。养育者还可以教幼儿如何把自己用过的纸尿裤简单地包起来并丢进垃圾桶，这也是这个阶段幼儿可以完成并乐于完成的小任务。
- ★ 18~24 个月，养育者可以试着让幼儿用抹布擦自己的餐桌，吃完饭后将碗送到厨房，还可以让幼儿辅助养育者完成扫地和拖地。在这个阶段，养育者要和幼儿一起完成家务劳动，这不仅能帮助幼儿养成良好的生活习惯，培养家庭规则意识，还能给幼儿提供简单的活动机会，锻炼幼儿的动手能力；
- ★ 24~30 个月，养育者可以试着给幼儿安排一些摘菜、洗菜、剥皮等小任务。由于幼儿到了这个阶段，自主意识快速发展，因此在养育者做很多事情时都可能会被幼儿限制或打扰，不妨给幼儿安排一些小任务，一起来完成。
- ★ 30~36 个月，养育者可以鼓励幼儿试着去做刷鞋子、洗袜子、刷碗等日常生活中的工作。在这个阶段，养育者要锻炼幼儿照顾自己的能力，培养幼儿养成良好的生活习惯，为三岁之后进入幼儿园过集体生活做准备。

不管是任务训练还是日常生活训练，养育者需要多去关注幼儿实际的发育发展情况，给幼儿足够多的锻炼和试错的机会，多给幼儿做示范和演示，将复杂动作拆解简化，帮助幼儿精细动作的能力得到更好的锻炼，找到更多乐趣和自信心。

语言能力的发展与培养

案例

男孩，19 个月。妈妈说普通话，奶奶讲方言。幼儿通常会重复大人说的句子的最后两个字，但是发音不太标准。如果大人说长句子，幼儿常表现出听不懂大人在说什么；相反，只有在大人说短句或词语时，幼儿才能做到用方言和普通话同时表达出来。

奶舅分析

案例中的情况，在不少由老人参与养育的家庭中也常会出现。老人讲方言，父母和幼儿讲普通话，两种语言又存在一定的差距，很容易导致在幼儿刚开始表达句子和想法时出现混乱。对此，需要注意以下三个方面。

幼儿发音不准，养育者要及时提醒和纠正

幼儿发音不准，需要及时提醒和纠正，养育者千万不要抱着“孩子还小，说不清楚很正常”，或者“反正孩子说什么我也能理解，没有关系”的心态。这种心态会让养育者很容易忽视幼儿遇到的问题，转而给幼儿错误的引导和鼓励。时间久了，如果幼儿养成了发音的习惯，养育者就很难纠正了。

给幼儿重复和正确的示范，鼓励或要求幼儿重新组织语言

在案例中，幼儿会重复大人说的句子的最后两个字，但是发音不太标准。幼儿急于表达想法，但大人听不懂在说什么。遇到这种情

况，养育者需要做的是，让幼儿先不要急着说后面的话，而是给幼儿重复和正确的示范，鼓励幼儿重新组织语言，把自己想说的话表述清楚、准确。

注意观察幼儿牙齿和口腔情况

案例中的男孩不到两岁，养育者需要注意，幼儿在出牙阶段会影响其发音和表达。比如，幼儿在出牙时会感觉不舒服、口腔内口水变多，这些都会给本就不太擅长控制口腔肌肉的幼儿增加困难。

因此，养育者需要多观察幼儿出牙的情况，耐心地鼓励幼儿，先从让幼儿讲清楚一个常用词汇开始，再纠正并让其说一个准确的句子，到最后幼儿就能自信、自如地表达想法了。

奶舅温馨提示

当幼儿在多个语言环境中表现出发音困难时，养育者一定要提高警惕，不要觉得这些没有关系，或是只要养育者自己能理解幼儿说的就好。等幼儿到了三岁之后，进入学校过集体生活时，如果发音存在问题就会给幼儿带来很多意想不到的困扰。

培养幼儿语言能力的注意事项

幼儿阶段学习语言需要养育者多费心，有时需要给幼儿多示范，有时还要故意不回应，以增加幼儿的语言使用需求，鼓励幼儿自主表达。如果养育者采用正确合适的方式，再加上丰富的语言环境，就能让幼儿的语言能力得到更好的发展。在这个过程中，养育者需要注意以下三个方面。

在发音成为习惯之前，及时纠正错误

幼儿刚开始学习发音时会受到多方面的影响，如幼儿不能很好地

控制舌头和口腔肌肉，或是养育者语言示范错误。如果幼儿的错误发音没有得到及时纠正，就很容易变成发音习惯，再想纠正时就会遇到很大的阻力。对此，养育者需要在幼儿刚开始发音时就及时纠正幼儿的错误，用科学的方式为幼儿提供良好的学习模仿机会，使其语言能力得到很好的发展。

给幼儿做正确的示范，鼓励重复

当观察到幼儿发音有错误或是讲话发音有困难时，养育者需要多给幼儿做正确的示范。这不仅能提醒幼儿之前的发音有问题并需要调整，还能给幼儿提供模仿和学习的机会和应用场景。比如，养育者在说话时可以让幼儿看自己的口型，鼓励幼儿用正确的发音方式重复，能有效纠正幼儿的发音错误，养成正确的发音习惯。

给幼儿制造表达的需求和机会

语言能力离不开应用场景和不断的练习。养育者需要在幼儿学说话的阶段，故意制造各种幼儿语言表达的需求和场景，千万不要幼儿一哼唧就猜到需要什么，这样并不会对幼儿的各方面发展有实质性的帮助。除了引导幼儿表达自己的需求和情绪，养育者还可以主动询问幼儿日常的见闻，给幼儿增加语言使用的需求和场景。

语言发展的三个阶段

幼儿阶段语言学习过程会持续很久，一至两岁是语言发展关键时期。养育者需要在幼儿会用“哼唧”表达需求和想法后，尽可能不代劳或预判幼儿想表达的想法和需求，因为这样会有意或无意地剥夺幼儿语言学习和模仿的机会，也会给幼儿制造适应陌生环境的人为阻力。

幼儿阶段的语言发展分为三个阶段，分别是学习发音阶段（10~18 个月）、组织短句阶段（18~24 个月）和表达想法阶段（24~36 个月）。如果幼儿发音不准，那么在不同语言发展阶段所产生的影响是不一样的。

学习发音阶段

在学习发音阶段，幼儿开始能够发出一些有明确目的的声音信号。养育者最好制作一张简易的发音表，把汉语和英语的发音都列出来，多重复给幼儿听和看。在幼儿能发某个音后就将其划掉，把精力用于教幼儿还不会发的音。

此外，养育者还需要尽可能地清空玩具区内的玩具和物品，避免玩具区过载，增加真人互动的频率和时长。在这个阶段的幼儿出牙早晚、学步早晚，都可能会影响其说话的早晚和表达的清晰程度。

我们在追踪过程中发现，有些幼儿在 14~20 个月会出现数周的静默期，也就是连会发的音、会说的简单词汇都不再表达，连“爸爸”“妈妈”都不愿意说，之后才出现语言爆发。在语言静默期，养育者很容易感到焦虑，或者错误地判断幼儿的语言和其他能力的发展，出现很多不可逆的问题。因此，建议养育者及时咨询专业人士。

组织短句阶段

在这个阶段，幼儿已经通过模仿和重复掌握了一些基本字词的发音和意思，会尝试着用几个关键词表达一些想法和需求。

当观察到幼儿发音不准确时，养育者需要给幼儿示范口型并教幼儿如何控制口腔。幼儿会在这个时期因为牙齿生长和养育者的互动方式而养成一些不好的发音或表达习惯。比如，一哼唧或撒泼打滚，养育者就立即反应和满足幼儿，这样会使幼儿表达词语和短句的场景与机会大大减少。

养育者要多关注幼儿发音和表达错误是故意不想说对，还是由生理层面控制不好而造成的。如果是后者，那么养育者需要及时带幼儿去正规医院做检查，尽早发现问题所在，从而有针对性地给幼儿做语言指导和干预。

表达想法阶段

两岁是语言能力发展的关键节点。如果幼儿到了两岁还只会说“爸爸”“妈妈”等简单的叠音词，那就是语言发展出现了明显迟缓，这可能是先天问题，也可能是后天养育环境或方式造成的问题，需要去正规医院检查。

如果幼儿语言发展正常，那么在两岁之后就应该能够表达一些有逻辑的句子了。如果幼儿的发音不准确，那么养育者一定不能无视，要俯下身子倾听，要求幼儿再讲一遍，直到讲清楚为止。当幼儿能够通过努力和练习，发音和表达比之前讲得清楚一些，养育者就要给予肯定和鼓励。

社交与沟通能力的发展与培养

案例

幼儿快两岁了。养育者自述，在带幼儿去户外和小朋友玩时，幼儿会显得比较害怕，不敢甚至不肯下地与小朋友们互动，而是让养育者抱着。在看到陌生的小朋友玩耍时，幼儿会驻足观看。不过，在去陌生的室内环境（如养育者朋友的家里）时，幼儿就显得不那么害怕了，肯主动去玩。养育者不知道该如何帮助幼儿。

奶舅分析

相信有不少养育者都会遇到案例中的情况，并认为自己家的孩子怎么这么“放不开”或“胆小谨慎”。对此，养育者的鼓励可能起不到什么效果，如果逼迫幼儿去和小朋友们互动，那么很可能会让幼儿哭闹不止。

需要特别注意的是，千万不要给三岁前的幼儿贴上“胆小谨慎”的标签。对幼儿来说，面对陌生（不管是陌生的环境还是陌生的人）和未知，都需要有一个适应的过程，只不过有的幼儿适应得快，有的幼儿适应得慢。

回到这个案例，我们来分析一下，为什么越来越多的幼儿会出现抵触社交的现象。

两代人的成长环境发生了巨变

和我小时候院子里很多哥哥姐姐拉帮带的成长环境相比，如今的这一代幼儿，成长环境中有高墙和高楼的束缚，幼儿们在社交时也很难找到比自己大的幼儿，社交机会比我们小时候少了很多。再加上电子产品的普及，幼儿们更愿意抱着手机、iPad 不放，盯着电视看，社交意愿变得越来越不强烈。

我小时候，想在电视上看什么节目，需要等到播放的时间才能看，如果没有想看的节目，就会出去和其他小朋友玩耍，而且玩耍的游戏通常也有很强的社交互动属性。这些在如今这一代幼儿身上越来越难看到——他们可以坐在自己的家里，玩一整天电子产品也不会觉得腻。

因此，两代人的成长环境发生了巨变，以至于养育者自己的成长经验和幼儿实际成长所需要的知识经验差距巨大。

陌生人社会对下一代的影响逐渐显现

我小时候属于熟人社会，亲戚朋友都住得很近，因此我们这代人中很多人都有“发小”。然而，如今这代幼儿则很难有“发小”，很多幼儿在成长过程中都是孤独的。

过去大院群居的熟人社会，如今已经被楼上楼下的陌生人相处模式替代。就连大人都往往不认识一栋楼里的邻居，更别提幼儿了。这些都是因社会的快速变化而导致的养育和成长环境的变迁。幼儿们从小就处在一个低社交欲望的环境里，很难有机会去感受和适应陌生和未知。因此，不难理解为什么越来越多的幼儿会抵触社交。

养育者过度保护

如今的信息社会快速发展，养育者知识学习多了，养育焦虑的严重程度不降反增。随之而来的是越来越多的养育者不由自主地过度保护和过度担忧，有的担心幼儿受委屈、受伤害，有的不放心幼儿自己探索，并要始终将幼儿“拴在腰间”，这些都直接或间接地导致幼儿的社交机会被剥夺。当然，出现过度保护和过度担忧，与养育者的焦虑程度存在着很大的关系。

奶舅温馨提示

在养育过程中出现焦虑是很正常的，养育者无须因此而自责或刻意摆脱焦虑，要意识到焦虑情绪是生活中的一部分，要想办法适应和接受它。

早期社交能力的构成

有不少养育者认为，幼儿早期的社交能力好就意味着其语言发展得好。其实，语言发展得好只是其中的一部分，只不过因其是最为外显的能力而易于被养育者注意到。早期社交能力包括以下三个方面，需要多维度、多方面进行培养。

语言发展

幼儿两岁后的社交活动多半是由语言表达开始的，多半以哭闹结束。当然，我们能理解幼儿的哭闹行为，这往往也是一种有明确信号的语言表达方式。幼儿说话是否清晰准确，很大程度上决定了幼儿在社交活动中的表现，以及得到反馈的可能性。

也就是说，如果幼儿语言发展较慢，在和陌生人社交时就很容易吃亏；相反，那些语言发展较快的幼儿会更容易在社交互动中得到反馈和回应。早期的社交互动机会又进一步促进幼儿的语言表达，因为语言对幼儿来说是越练越熟的能力。

沟通技巧

不少养育者会把说话清晰理解成沟通技巧好。其实，这是很大的误解，幼儿阶段的沟通技巧很复杂，至少包括了示好（如打招呼）、交换物品（如交换玩具）、条件谈判（如和你玩就可以得到什么奖励）、合作（如一起搭积木）和竞争（如一起玩赛车游戏）等多个方面。

也就是说，沟通技巧好的幼儿，往往在自己家里就会与养育者有各种各样的互动模式的机会，能不断训练出多种多样的沟通和交流的办法和技巧。而对这些技巧的学习，是需要经过大量的实战才更可能被幼儿模仿和掌握的。

学习和适应规则的能力

社交互动是一个快速多变的过程，需要幼儿具备很好的学习和适应规则的能力，这样才能在复杂多变的社交场景中有更好的表现和感受。

一至两岁是幼儿与熟人（父母）互动、在熟悉环境（家庭）中学习家庭规则的关键时期。如果养育者能在这个年龄阶段，为幼儿提供很多的场景和互动规则的感受和体验，那么幼儿在两岁后会更容易适应陌生人和陌生环境的规则。

如何培养幼儿的社交能力

很多养育者会为幼儿不愿意说话交流而感到焦虑，担心幼儿存在语言发展问题。在幼儿快三岁时，养育者又很害怕幼儿很难适应集体生活。不管是语言发展还是适应集体生活，都需要具备一定的交际技能作为保障。那么，如何培养幼儿的社交技能呢？

从小有固定的玩伴

社交和语言对幼儿来说是一种需求导向的能力，即需求越大，越容易得到很好的锻炼和学习。因此，养育者需要想办法给幼儿找一两个固定的玩伴，可以是自己亲戚朋友家的小朋友，也可以是邻居家的小朋友。

让两个家庭和两个幼儿形成相对固定的互动频率和场景。让两个小朋友互相学习和练习，养育者只需要在两个幼儿遇到困难和问题时给予示范和引导。在大人的演示和小朋友之间的实战互动中，幼儿可以最大程度地掌握社交技巧和交际能力。

这样做还能带来其他的好处：

★ 小朋友之间能建立很好的情感；

★ 两个家庭的养育者都不至于太辛苦，在两个幼儿互动时，有一方可以得到休息和调整；

★ 增加了幼儿适应陌生和未知的机会。

有选择地带幼儿社交

幼儿的社交能力并不是与生俱来的，而是需要有丰富的语言和社交场景的刺激，以及养育者大量的时间和精力投入，这样才更有可能在幼儿身上看到成效。

幼儿在两岁之前，养育者主要是在家里教幼儿社交规则；到了两岁之后，养育者要有选择地带幼儿和同龄且家教好的小朋友互动。对于最早期的陌生人和陌生环境社交，养育者一定要帮助幼儿仔细筛选社交伙伴。多带幼儿和家教好的小朋友交流，否则小朋友之间的社交很容易变成矛盾现场。

情景模拟演练

两岁半左右的幼儿处于结构阶段，这个阶段的幼儿最大的特点是，他们会对角色扮演类的互动游戏特别感兴趣。这个阶段，养育者需要多给幼儿设置各种情景模拟演练，借此促进幼儿的发展。比如，养育者可以扮演很调皮的幼儿，让幼儿在情景模拟演练中练习应对。当幼儿感到不知所措时，养育者可以和幼儿互换角色，给幼儿做示范，之后逐渐帮助幼儿学习和掌握各种社交场景中的应对方式。

这些都需要在家里或外出活动时，由养育者给幼儿进行现场模拟演练。角色扮演、无实物扮演等方式有助于提高这个阶段的幼儿的学习和交际能力。

幼儿的早期社交能力是一种很复杂的能力，养育者既不能只看到语言这一方面，也不能过于功利，而要给幼儿做大量准备工作，厚积薄发。

情绪合理表达能力的发展与培养

经典案例：发脾气时打人、掐人

案例 1

二宝家庭，弟弟 31 个月。发脾气时会丢手边任何可以拿到的东西，会咬或掐大人，还会撕咬姐姐的衣服。

案例 2

二宝家庭，妹妹两岁多。一不顺她的意，她就大喊，然后打人、掐人、大哭，让家人感到很头疼。

奶舅分析

上述两个案例中，两个幼儿都出现了情绪不合理表达的情况，显得脾气比较暴躁。可能有以下四方面的原因。

情绪得不到合理表达

幼儿阶段的情绪表达方式主要是哭闹，如果养育者没有及时给幼儿做好情绪表达方式的引导和示范，就很容易让幼儿在遇到情绪问题时，只会采取哭闹、打人的方式，而不会用更多的情绪表达方式（如言语沟通、自我缓解等）去解决。

从案例中幼儿的表现可见，养育者在日常生活中没有给幼儿做好情绪表达方式的家庭教育。

缺乏家庭规则意识

培养家庭规则意识的关键时期是一至两岁，如果养育者在这个阶段没有给幼儿培养很好的家庭规则意识，就很容易造成幼儿到了两岁左右时，随着自主意识的爆发而出现极端行为。

在培养家庭规则意识时，养育者需要更多地使用拒绝的方式来让幼儿理解和学习规则边界在哪里，这样幼儿才能对自己的行为有所约束，不管这种约束是来自幼儿的自主意愿还是养育者的要求。

回到案例中，案例 1 中提到“发脾气时会丢手边任何可以拿到的东西，会咬或掐大人，还会撕咬姐姐的衣服”，案例 2 中讲到“一不顺她的意，她就大喊，然后打人、掐人、大哭”。我们可以发现，这两个案例大概率是养育者在幼儿一至两岁时，没有很好地培养幼儿形成规则意识，导致幼儿缺少敬畏和行为约束。

需要强调的是，任何自由的前提都有规则边界。因此，在培养规则意识的关键时期，养育者需要对幼儿的一些怪异或有不良倾向的行为进行拒绝和约束，还要通过良好有效的奖励机制鼓励幼儿养成好的行为习惯。

行为有极端倾向

行为有极端倾向，是指幼儿在学习和模仿过程中，如果出现一些奇怪和不良倾向行为时，养育者没有及时拒绝和制止，也没有用鼓励和奖励的方式规范幼儿行为，就会导致幼儿在遇到情绪问题或不合意时出现有极端倾向的行为。

这两个案例里，打人、咬人、撕咬衣服都属于有极端倾向的行为，尤其是发脾气时撕咬姐姐的衣服。其实，这些行为一旦出现就很难完全制止。对此，养育者一方面要及时明确制止，另一方面还需要通过物质奖励引导幼儿，在哪些场景里做这些行为是可以被接受的。比如，如果幼儿在发脾气时撕咬姐姐衣服，那么养育者就要明确拒绝和制止，表现出生气和严肃的态度。之后，养育者可以通过物质奖励的方式，鼓励幼儿玩撕纸条、做手工的游戏，这是引导和鼓励幼儿的行为合理化。

情感需求得不到回应

情感需求爆发的阶段是三至四岁，如果养育者没有给予幼儿足够多的陪伴和关怀，就很容易造成幼儿的情感需求得不到回应，从而故意做出极端的行为以引起养育者的注意。

奶舅温馨提示

幼儿阶段是幼儿习惯和表达方式形成的时期，不要给幼儿定性，出现脾气暴躁往往是由养育环境和养育者的应对方式造成的。

除了了解幼儿的特质，养育者还需要在幼儿学习和模仿日常行为的过程中，合理有效地引导幼儿，并给幼儿做示范，教幼儿更多的表达方式。

如何引导幼儿合理表达情绪

幼儿阶段情绪的发展是先积极后消极的，即幼儿在一岁前就能理解和掌握积极情绪（如高兴）的表达，到两岁左右还不能很好地理解和掌握消极情绪（如伤心、生气），到了三岁左右才能稍稍理解生气，因为对消极情绪的理解需要更高级的认知过程。

因此，在幼儿阶段，养育者需要多用积极正面的方式去鼓励和引导幼儿的行为。比如，幼儿在乱涂乱画时，养育者不妨为其单独开辟出一小块地方，和幼儿一起画并给予其奖励。这种方式比大人发脾气或打幼儿手以示惩罚的效果要好，也更适合不足三岁的幼儿。此时，如果养育者用发脾气来制止幼儿，那么幼儿往往无法很好地理解养育者生气和愤怒的情绪，甚至会将此理解为养育者在和自己玩耍。

这些幼儿发展规律也提示我们，当幼儿大哭大闹时，养育者要根据实际情况进行有针对性的引导。也就是说，幼儿在表达情绪或需求时，哭闹和摔东西并不一定是生气，还可能存在其他方面的原因——可能是很难过、很伤心，也可能是觉得好玩、想要得到关注，或者是假哭要挟人。

在幼儿大哭大闹、摔东西时，建议养育者及时、明确地制止和拒绝。比如，可以把幼儿抱到卧室的床上，用严厉的态度和强硬的行为拒绝幼儿继续大哭大闹、摔东西，并告知幼儿，如果能平静下来好好用语言沟通，就能得到他想要的物品。选择卧室的床上，有以下原因。

★ 在第一时间将幼儿抱离事发现场，这本身就是一种明确的拒绝和制止态度，有利于约束幼儿的行为。

★ 这个环境是最安全、最舒适的，容易让幼儿的情绪平静下来。

★ 在和幼儿沟通的过程中，幼儿难免会继续大声哭闹、试图逃离。如果在卧室的床上与幼儿沟通，就能较为容易地避免其他养育者进行不必要的干涉，确保规则和权威的一致性。

养育者需要注意，一定要陪在幼儿身边，不要把幼儿锁在屋里让他自己冷静。尤其是幼儿情绪爆发时，要是把幼儿锁在屋里会让其产生不必要的焦虑和恐惧情绪。

此外，对于幼儿情绪的引导，养育者不要怀着一蹴而就的想法。因为在幼儿大哭大闹时，养育者也比较容易情绪失控，如果态度太强硬、没有变通，就会激化亲子冲突。而且幼儿的认知能力、记忆力和执行力都有限，很难说到做到，需要养育者进行长期渐进式的引导和规范幼儿的表达方式。

因此，当观察到幼儿努力想要控制自己的哭闹声或抑制情绪时，可以给幼儿个“台阶”下，避免亲子间僵持不下。当幼儿再出现类似行为时，可以再尝试采用上述方式来引导。

养育者在引导幼儿时，要尽量控制好自己的情绪，这样才能给幼儿做好示范和榜样。这样的引导方式和家庭教育方式，对幼儿来说才是更为长久和有效的。

引导幼儿掌控情绪的方法

转移注意力大法

不少养育者在幼儿（尤其是三岁以下的幼儿）闹情绪时，常会使用转移注意力大法。还记得第 1 章讲的养育大环境常见误区吗？要知道，转移注意力是没有办法的办法，如果频繁使用，不但会影响幼儿的注意力，还会错过很多引导幼儿的关键时期。

而且，转移注意力本身就像是一种逃避——逃避及时处理幼儿遇到的实际情况、逃避幼儿的情绪变化、逃避引导幼儿如何表达情绪。这种方法用得多了，就会让幼儿越来越容易情绪崩溃，并让这种方法逐渐失去作用，幼儿和养育者都会很痛苦。

只有在实在没有办法了或是实际情况很特殊时，才建议养育者使用转移注意力大法来应对幼儿的情绪失控。

对哭闹声免疫

养育者需要先努力对幼儿的哭声免疫，即习惯幼儿的哭声，并且在此时做一些应对的措施。比如，幼儿哭闹的时候，养育者不是先强迫幼儿闭嘴，而是先听幼儿哭一会儿，观察和了解幼儿到底要什么，多给幼儿创造表达情绪的机会。当然，这么做确实有很大难度，但对幼儿和养育者都是极好的个人提升机会。

训练幼儿冷静下来

训练幼儿冷静下来，是指在幼儿哭闹或发脾气时，养育者通过物质奖励或精神鼓励让幼儿停下来 3~5 秒。也可以和幼儿一起数数，如果幼儿能做到就给予奖励，随后逐渐增加给予奖励的时长或数数的长度，最终能帮助幼儿控制住自己的情绪，不至于崩溃、狂哭不止。

借助闹铃，让幼儿习得时间和规则

幼儿到了两岁之后，养育者可以试着借助闹铃，让幼儿习得时间和规则。因为闹铃的开始和结束都有明确的信号，这不仅有助于培养幼儿的时间意识，还能让幼儿感受到明确的规则约束，从而逐渐具备自我控制（包括掌控情绪）的能力。

第 8 章

幼儿认知能力的发展与培养

幼儿认知能力是幼儿在与家庭和社会环境交互学习过程中发展出来的、用以理解生活环境和自身成长的能力，属于理解成长能力的范畴，包括对规则的理解、专注力的发展、竞争意识及说谎能力的发展等。幼儿阶段的理解成长能力的培养，需要养育者多参与亲子互动，给幼儿大量行为示范和指导，帮助幼儿理解抽象的规则和秩序，掌握早期阶段理解生活和成长的技巧和方式。

自主意识爆发与规则意识的培养

案例

男双胞胎，三岁。他们了解生活中的一些家庭规则：晚上回家后要吃饭、洗澡、做作业（手工、阅读等），收拾好后看一会儿电视，然后睡觉。可是，他们没什么时间概念，只能靠养育者提醒他们接下来需要去做什么，而且必须提前提醒才行，否则到时间后再提醒他们，他们往往就要闹一会儿。

奶舅分析

相信很多养育者都会遇到案例中的情况。如果幼儿正在做某事，养育者没有提前提醒要结束，而是突然要求幼儿立即停止（这其实也是一种绝对权威的表现），那么绝大多数的幼儿都会哭闹。可能存在以下几种原因：

★ 不想停下来，于是用哭闹表达反抗；
★ 用哭闹要挟养育者妥协；
★ 担心以后没机会看了；
★ 难掩情绪，伤心想哭；
★ 眼睛胀得难受，就想哭一下。

前三种原因很容易被观察到。当面对突如其来的权威和制止时，哭闹是绝大部分幼儿首选的应对策略。更准确地说，遇到突如其来的权威制止，幼儿多少都会产生强烈的情绪。只不过，有些幼儿会用强烈的行为来表达情绪和反抗，而有些幼儿觉得无所谓。

不管是情绪激动的反抗或假哭要挟，还是幼儿表现出无所谓，对幼儿的长远发展都是特别不利的。究其原因，更多的是由于亲子之间的冲突缺少简单和明确的规则和界限。如果亲子互动或日常生活中的规则很模糊，就需要幼儿去猜或试探，那就很容易出现大量本不必要的亲子冲突。

在我们追踪的幼儿家庭里，往往是养育者对日常规则设置不明确，而幼儿触碰了养育者的某个底线或敏感点，使得养育者突然大发雷霆，或是养育者突然利用权威压制幼儿。对此，幼儿并不知道发生了什么或是不知道该怎么办，于是开始哭闹，这又使得养育者情绪失控，导致亲子冲突迅速激化。

回到这个案例，临时被要求终止活动，绝大部分幼儿都会哭闹。

对于三岁左右的幼儿，更需要养育者制定合理、可操作的规则，比如看电视前定闹铃。要想让幼儿在看电视时靠自觉来控制时间是非常困难的，不妨在事前让幼儿定闹铃，闹铃一响就意味着时间到了，需要关电视去睡觉，这样既能减少亲子冲突，也能让幼儿更懂得珍惜时间。

因此，如果给幼儿建立起比较明确的家庭规则，就能减少不必要的亲子冲突。当养育者或幼儿犯错误以及违反规则时，很容易就能分辨过错方并找到解决办法；相反，如果日常互动和生活中的规则模糊不清，甚至往往是根据家庭权威的心情改变而改变，就只会增加亲子矛盾。家庭权威的规则模糊和随意要求，也极容易产生以下两种极端情况：

★ 幼儿找不到合适的申诉和沟通的渠道，情绪易失控；
★ 幼儿被家庭权威完全压制，没有自己的想法和意志，这种情况更糟糕。

奶舅温馨提示

家庭教育也需要思考“人治”和“法治”的问题。实际生活中，家庭权威其实很难做，如果希望幼儿能有更好的发展，就要帮助幼儿设置更合理有效的规则和奖励机制（可以看作“法治”），在此基础上再给予幼儿引导和关怀（可以看作“人治”），这样培养出来的幼儿才更有可能通情达理。

幼儿阶段规则意识的培养和对规则理解的三个阶段

我们通常认为，一岁前的幼儿几乎没有规则意识，主要是通过对客观世界和养育者的大量观察和反馈进行学习。到了一岁，幼儿会爬、会走了之后，幼儿就具备了自主探索世界的基本能力，从而有更多的机会感受和理解规则。比如，对于幼儿扔东西、咬人、打人，如果养育者表现出拒绝和制止，就会让幼儿在反复多次的互动过程中，理解一些比较简单的家庭规则。比如，用手戳插座会被制止和拒绝，有的幼儿在被严厉惩罚后就不会再去触碰。

由于幼儿阶段的规则意识和自主意识的发展有很大关系，因此幼儿阶段规则意识的培养和对规则的理解可分为以下三个发展阶段。

自主意识发展前

一岁半至两岁半是幼儿的自主意识爆发的阶段，一岁半之前的阶段属于幼儿自主意识发展前的状态。

由于这个阶段的幼儿有了自主探索的能力，幼儿会很乐意自己去尝试和玩耍，因此在遇到危险和困难时也很难意识到。如果养育者拒绝或者把物品拿走，幼儿很快就会忘记，仿佛没有发生一样。他们对规则的理解几乎是二元的——分为“可以做”和“不可以做”两种。

自主意识萌芽状态

一岁半之后，幼儿的自主意识萌芽，他们有了自己的想法后会主动去做，遇到困难和阻力也会去尝试，或是通过假哭达到目的。

在这个阶段，幼儿对规则的理解会变得丰富起来，主要分为“不可以做”“再试试”和“可以做”这三种。这就是为什么这个阶段的幼儿会越来越不“听话”，因为他们常常会通过行为反复试探养育者的反应。如果养育者没有反应，他们就会继续尝试；如果养育者有所反应，他们就会停止行为进行观察或假哭。

自主意识爆发阶段

一岁半至两岁半，幼儿的自主意识爆发。如果在幼儿两岁前，养育者没有帮幼儿培养良好的规则意识，就很容易在幼儿到了两岁之后，亲子冲突激增，并且冲突会快速升级。

在这个阶段，幼儿对于规则的理解更为自我，即认为“我的规则才是规则，要按我说的来做，否则我就哭给你看”。如果养育者在之前没有给幼儿培养比较好的规则意识，以及养成良好的生活习惯，那么这个阶段的幼儿在养育者看来会越来越失控。

正是由于幼儿阶段规则意识的形成有着这样的发展规律和特点，因此养育者在给幼儿设置规则、引导幼儿行为时需要根据其实际能力和所处阶段，进行有针对性的引导，才能培养其更好的规则意识。需要提醒大家的是，规则意识的培养不仅是家庭教育的重中之重，还有助于幼儿进入幼儿园过集体生活，学习学校规则和社交规则。

如何培养幼儿的规则意识

规则意识的培养与幼儿的自主意识的发展密切相关。养育者在培养幼儿的规则意识时，需要基于上述三个自主意识发展阶段，进行有针对性的引导。

增加拒绝的次数，拒绝后给出替代选项

在幼儿自主意识发展前的阶段，养育者可以通过增加拒绝的次数，拒绝后给出替代选项的方法来培养幼儿的规则意识。

在幼儿做出破坏行为时，养育者要拒绝和制止其行为，引导幼儿减少不好的行为，远离危险。比如，有的幼儿会因为喜欢听敲击的声音而故意摔打勺子、杯子、盘子等餐具。养育者要拒绝幼儿这样做，并制止其敲击，让幼儿明白这种行为是不被鼓励的。

不过，养育者需要知道的是，幼儿出现某种行为，其实是很难真正制止的，养育者需要引导幼儿，让幼儿知道类似的情况中，有哪些是被允许的。比如，养育者可以在幼儿敲击碗筷时，拒绝和制止；引导幼儿玩敲击类的玩具，并给予赞许和鼓励。这样，幼儿就能快速明白对于敲击行为的家庭规则是什么了。

等幼儿到了一岁之后，养育者不能一直顺着幼儿，更不能一味满

足。养育者要增加拒绝和制止的次数，但并不是要一味地拒绝和禁止，而是要根据情况判断是拒绝还是允许，从而让幼儿了解在哪些情况下可以做哪些行为，借此让幼儿感受到规则。

增加有明显规则类的游戏或互动

一岁半至两岁，幼儿的自主意识萌芽，养育者需要通过设定规则的游戏或者设置一些简单的家庭规则来帮助幼儿理解规则。比如，幼儿吃完饭后必须把碗送到厨房、餐桌上的垃圾必须自己清理、玩完玩具后必须收好等。

这个阶段属于理解和接受规则的过程，如果养育者放任幼儿，让幼儿自由发展，幼儿就很容易缺乏自我约束，容易在外出社交时变成破坏者。养育者要通过日常的家庭规则要求，培养幼儿养成良好的生活习惯，逐渐理解和接受家庭规则。

设置时间，定闹铃

幼儿的自主意识爆发时，如果养育者在这个阶段希望通过增加拒绝次数和玩有规则互动的游戏来培养幼儿的规则意识，那可能不会起太大的作用。有的养育者甚至会在这个阶段频繁增加对幼儿进行惩罚的力度，但又没有引入合适的引导方式和奖励，就容易让幼儿出现低欲望高自尊的情况。

在这个阶段，亲子冲突增多，如果养育者不采用更为简单有效的规则约定方式，就极容易出现不必要的亲子矛盾和麻烦。因此，养育者在这个阶段最值得尝试的方式是在和幼儿互动前先设置闹铃，约定好玩耍时长和玩耍后做什么。

比如，这个年龄段的幼儿很喜欢在睡觉前玩或是让养育者一个接一个地讲故事。一旦养育者停下来，幼儿就会哭闹，亲子间的冲突会增加和升级。如果在睡前互动开始时让幼儿设置好闹铃，那么当时间到了，如果幼儿能遵守约定，养育者就要及时给予其奖励和鼓励。反复多次之后，幼儿就会遵守和认可这样的规则。

建议养育者鼓励幼儿来定闹铃，因为这也是制定规则的过程。让幼儿成为规则的制定者，幼儿就更愿意遵守规则和维护规则。

奖励机制的建立

帮助幼儿培养规则意识，需要建立丰富有效的奖励机制。养育者在增加拒绝的同时，还要通过物质奖励和精神激励让幼儿知道哪些行为是被允许和鼓励的。当和幼儿一起玩有明确规则的互动游戏时，养育者要通过及时的小奖励让幼儿遵守和接受规则。设置闹铃的时候，如果幼儿遵守了约定，就要立即给幼儿物品奖励和肯定。

规则意识的培养对幼儿的长远发展很重要，家庭规则、学校规则、社会规则、社交规则等都是幼儿必须学习和掌握的规则，养育者需要根据幼儿实际的发展阶段有针对性地进行引导，再加上及时奖励，才能让幼儿更好地感知、理解和适应规则。

专注力发展的特点与培养

案例

男孩，21 个月。活泼好动，注意保持的时间非常短，很难保持专注。在上早教课或绘本课时，通常只能完成一小半的课程，然后就开始满场乱跑，很容易被其他小朋友干扰注意力。

奶舅分析

相信不少养育者都会在幼儿一至两岁时遇到类似案例中的情况，幼儿有强烈的好奇心，又具备了自主探索的能力，因此很难被约束，容易被身边的事物和人打断或吸引。

其实，幼儿在这个阶段还谈不上专注力，因为专注力本身需要有自我控制和抵抗外界环境的能力，而对于这种能力，这个年龄段的幼儿还未发展成熟。

从另一个视角来看，这个年龄段的幼儿的“专注力”在很大程度上更易受到外部环境的影响。如果养育者给幼儿布置一个并不是特别能吸引幼儿注意的任务，幼儿的注意时间就很难坚持一分钟以上。如果带幼儿去上一堂早教课或绘本课，那么其中的变数和突发情况就会更多。

因此，养育者不要给这个年龄段的幼儿贴上“好动”或“不专注”的标签。如果养育者觉得幼儿在这些问题上存在问题，就要反思是不是自己的互动方式或是给幼儿提供的环境出了问题。

在我们追踪的幼儿案例中，有个幼儿是我们从其 14 个月起就开始追踪的。在我们首次观察完幼儿的情况后，养育者在访谈环节告诉我们，幼儿做任何事情的注意时间都不足一分钟。我们在持续追踪过程中发现，养育者和幼儿互动时的方式和技巧太过生硬，当幼儿表现出不感兴趣或反抗时，养育者要么强制约束幼儿，要么直接任幼儿自己去玩。这样的互动方式很难建立起真正有质量的亲子互动。除了养育者的互动技巧和方式有很大问题外，家里的玩具区和其他地方堆满了各类玩具和绘本，散落一地。幼儿在自己玩耍或亲子互动时，很容易被身边的其他物品“打扰”。

在发现了这些问题后，我尝试和幼儿一起阅读绘本，养育者在远处静静观察。我和幼儿用 10 分钟看完了两本绘本，幼儿表现出“乖巧”和专注。这些现场反馈让养育者意识到了自己在互动过程中存在的问题，即强制要求幼儿感兴趣，却忘了追随幼儿的兴趣和引导幼儿的兴趣和注意。

除了互动方面的优化，我们还为养育者详细介绍了针对一至两岁幼儿的玩具区的设置特点，即要把多余的玩具、绘本收起来，避免出现玩具区过载的现象。

在养育者针对这两个方面进行了调整之后，我们在后续追踪时发现，幼儿的注意力、耐心和亲子互动质量都得到了极大的改善。

因此，上述案例中，养育者对幼儿的注意力发展存在一些误解，带幼儿去参加兴趣课程时，也没有找到更合适的方式，才会出现这些问题。

奶舅温馨提示

一至两岁是规则意识培养的关键时期，既要尊重幼儿的兴趣和选择，又要在幼儿哭闹时增加拒绝的次数，还要给幼儿设置玩具区，并在玩具区引导和教会幼儿如何遵守规则，之后再带幼儿去体验课程，这样才有助于幼儿适应和接受。

幼儿专注力的发展规律和特点

要想让幼儿的专注力得到很好的发展，就要知道幼儿在不同时期的专注力的发展规律和特点，并遵循其发展规律和特点，有针对性地进行培养。

一至两岁：专注力主要依靠环境

由于一至两岁的幼儿会对周边环境刺激更加敏感，并且具备了自主探索的能力，因此他们通常会玩玩这个、碰碰那个，有强烈的好奇心。这个阶段的幼儿，注意保持的时间往往很难持续两分钟以上，这既是幼儿的发育发展特点，也可以理解成天性使然。

这个阶段对养育者的考验是特别明显的，一方面，幼儿会根据环境不停更换兴趣和关注的东西，养育者会很辛苦；另一方面，养育者很想让幼儿能持续关注某一项任务或互动。

对此，养育者需要观察幼儿的兴趣变化，顺应并追随其兴趣的变化，而不是强迫幼儿做某事。当发现幼儿对某个东西特别感兴趣时，可以通过这个兴趣点引导幼儿发现下一个兴趣。比如，在发现幼儿特别喜欢红色后，养育者可以借助红色的玩具琴，吸引幼儿对音乐的兴趣。

两至三岁：专注力依托自身兴趣

我们观察发现，幼儿到了两岁之后的持续注意，主要是基于幼儿自身的兴趣。也就是说，当幼儿遇到自己喜欢的游戏或物品时可以玩很久，如果不喜欢就会很快失去兴趣和耐心。

这是因为幼儿在有了自主探索能力后，受到环境和养育者的影响，一些幼儿开始逐渐出现明显的选择偏好，也有自己持续感兴趣的物品或互动游戏。这个年龄段幼儿的注意力保持的时间为 10 分钟以内，这和养育者的互动方式也密切相关——如果有持续的真人互动，注意力保持的时间就会较长。比如，如果有养育者陪着幼儿一起看书，那么大部分幼儿的注意保持时间都会超过五分钟；相反，如果让幼儿自己看，那么不少幼儿坚持不到两分钟就会去找养育者。

三岁之后：专注力和自信心密切相关

三岁之后，幼儿的竞争意识增强，做很多游戏互动时都要考虑任务的难度。如果任务难度过大，他们就会缺乏自信和耐心，进而表现出很差的专注力。

如果任务是幼儿日常熟悉的，难度适宜或足够简单，幼儿就有信心完成，他们就会更愿意去做；相反，如果任务难度过大，那么幼儿常常会表现出畏难和放弃。因此，养育者需要基于任务来培养幼儿的专注力，并设置好任务的难度系数，刚开始时要尽可能地降低任务难度，先帮幼儿树立自信。比如，如果一开始就让幼儿自己拼很难的乐高，幼儿就会对此失去信心和兴趣；如果先给幼儿一些简单的拼接任务，幼儿就能从中找到乐趣和自信，之后再设置难一点的任务，幼儿就更愿意尝试和努力，进而表现出持续的专注力。

环境、媒介和养育者与幼儿的互动方式，都对幼儿的专注力有很大的影响。比如，幼儿在看纸质书、电子书、电视时，其注意力保持时长都是有所区别的。

如何更好地培养幼儿的专注力

前文介绍过幼儿阶段专注力方面常见的现象和问题，以及不同年龄阶段幼儿的专注力发展规律和特点。接下来，我们将详细介绍不同年龄段，如何更好地培养幼儿的专注力。

一至两岁：尽可能清空玩具区，注重规则意识培养

由于一至两岁幼儿的专注力主要依靠环境，养育者就需要在这个阶段帮幼儿维护好科学有效的成长环境。建议养育者尽可能清空玩具区，减少多余的玩具、绘本和物品出现在幼儿日常活动的地方。

此外，养育者还需要给幼儿设置独立的玩具区域，并通过行为和言语让幼儿知道这个区域内的物品由他做主，出了这个区域则需要遵守家庭规则。这样可以通过培养幼儿的规则意识，减少外界环境给幼儿带来的干扰和破坏。

两至三岁：设置阅读区，注重时间意识的培养

两至三岁的幼儿，专注力主要依托于其自身的兴趣，因此养育者需要为幼儿提供能长期执行和可持续的互动场地。亲子阅读能有效地发现幼儿的兴趣点。因此，养育者要为这个年龄段的幼儿设置安静舒适的阅读区，并将其和玩具区加以区分。这样有助于培养幼儿的阅读

习惯和持续的专注力。

与此同时，养育者还应注重对幼儿时间意识的培养。因为这个年龄段的幼儿不管是自己独自玩耍和探索，还是亲子互动，都需要有一定的时间限制。养育者需要在约定时间内给幼儿足够的耐心和陪伴，时间之外则需要幼儿参与新的活动，这样才能让幼儿更好地适应之后的集体生活，自己的专注力也不会特别容易被其他人打断。

三岁之后：基于幼儿的兴趣特点，通过奖励机制帮其建立持续的兴趣和专注力

如果说三岁之前要好好保护幼儿的兴趣和专注力，那么幼儿到了三岁之后，养育者要通过其已有的兴趣配合及时的奖励和鼓励，帮助幼儿建立起持续的兴趣和专注力。

由于幼儿在此时已有很多能力发展成熟，因此养育者要通过鼓励和奖励调动幼儿的积极性。除了继续帮助幼儿建立起更好、更全面的时间规划能力外，养育者还要通过多尝试、多体验，以及更丰富多样的奖励机制，鼓励幼儿自己探索和发现兴趣，并让幼儿从任务和互动中树立信心，并能持续坚持下去。

幼儿的专注力遵循一定的发展规律和特点，但这并不意味着它是与生俱来的，专注力在幼儿阶段更容易受到环境和养育者的影响。如果养育者能基于幼儿发展规律，给幼儿提供科学合理的引导和帮助，并尊重幼儿的兴趣和选择给予耐心和等待，那么幼儿的专注力就能得到更好的发展。

竞争意识发展的特点与培养

案例

女孩，三岁半。在上英语网课时，由于老师不常提问她，因此她获得的星星奖励没有其他小朋友多。尽管她课上得挺好的，但是发现星星比别人少就不想上了。此外，在和别人比赛吃饭、走路或者爬楼梯时，如果别人比她快，她就不想继续比下去了。

养育者自述，始终和幼儿强调，比赛游戏就是会有输有赢，没有人会永远得第一，但幼儿每次都想得第一。虽然幼儿在输的时候会不开心，但是开导一下，她还是可以继续接着玩。

奶舅分析

案例中的情况是很多有幼儿的家庭中不得不面对的问题，幼儿非要得第一，只要不是第一就会不开心——生气或哭闹不止。出现这种情况，往往与养育者过度使用竞争有关。

也就是说，养育者发现幼儿有了很强的竞争意识，特别想争第一名，因此对于生活中的很多事情，都用比赛游戏的方式来引导幼儿的行为。为了鼓励幼儿迅速完成一些任务，养育者通常都会故意输给幼儿，让幼儿得第一名，同时给予表扬和赞许。这么做确实可以帮助养育者节省脑力和体力，让幼儿快速地完成很多事情。

不过，养育者在引入竞争比赛时，需要注意以下两点：

★ 如果生活中缺少丰富的奖励机制，那么养育者使用太多竞争的方式调动幼儿积极性就会容易出问题；

★ 如果在幼儿对输赢还没有那么敏感的时候，养育者一直故意让着幼儿，就会使幼儿认为自己获得第一名是理所当然的，会形成不正确的输赢观。

如果遇到类似案例中的情况，那么养育者不但要降低在日常生活中和幼儿竞争的频率，还要偶尔让幼儿体验到竞争失败会有什么样的感受，帮助幼儿做好失败后的归因。也就是说，帮助幼儿分析可能会有什么原因导致了失败，并给幼儿提出一些简单、可操作的建议，优化和幼儿玩比赛游戏的方式和策略。

回到上述案例，养育者可以采用以下方式来培养三岁多幼儿的竞争意识。

帮幼儿做好输赢的归因

比如，上英语网课获得的星星奖励比其他小朋友少，并不是因为她表现得不好，而是老师给的机会少，下次可以想办法让老师给予自己更多的机会。同时，养育者还要通过语言鼓励，让幼儿看到自己在有限的机会里表现出了真实能力。

和幼儿一起发现其闪光的一面

养育者要帮助幼儿发现其闪光的一面，发现其在每次努力争取后，在哪些方面突破了自己，而不是只让幼儿关注老师的奖励榜，只让幼儿关注“我没有表现好”或“我失败了”。

帮幼儿建立更丰富的奖励体系

让幼儿知道生活中的奖励方式和体系有很多种，老师的评价方式有局限性。养育者还可以给幼儿建立一个类似星星评价方式的小月亮评价方式，把父母看到幼儿表现好的方面，用小月亮奖励给幼儿，并鼓励幼儿继续坚持。同样的道理，养育者还可以鼓励幼儿给自己建立一个小太阳评价方式，帮助幼儿发现自己的优势和劣势，自己给自己奖励，从而更好地认识自己。

幼儿竞争意识的发展特点

我们都知道，幼儿绝大部分的行为和想法都来自日常生活中的观察和模仿。想象一下，如果在幼儿阶段始终由他们自己完成比赛，没有胜负之分，他们还会有好胜心吗？或者说，如果养育者在和幼儿一起玩耍时，没有把胜负的感受传递给幼儿，那么他们会觉得胜利是"好"的，失败是"不好"的吗？

思考完这些问题，应该不难发现，幼儿的竞争意识和好胜心是受外部环境影响的。当幼儿观察到"胜利"和"失败"是完全不同的外部评价时，他们自然会为了得到更多的赞许而努力去争第一名。

这个过程和奖励机制有很多相似之处。只不过，与为了获取糖果这种及时的生理满足和体验不同，比赛和竞争过程中的胜利感受是更为持久的精神层面的奖励，同时还伴有一定程度的生理满足。

因此，真正意义上的竞争意识是在自主意识出现后才得到快速发展的。尽管自主意识通常在两岁左右出现，但还有一些幼儿在一岁半左右就有了比较明显的自主意识，其主要的行为表现是有自己的想法和意图，和养育者对着干。

那么，幼儿的竞争意识有哪些发展特点？养育者又该如何引导呢？

两岁之前：很难理解什么是比赛

对于两岁前的幼儿来说，如果养育者在日常生活中（如吃饭、喝水、上床准备睡觉等）和幼儿玩比赛游戏，那么他们很可能只会觉得这是一种好玩的游戏。他们很难理解什么是比赛，胜负各代表着什么，更多的是因为没有得到奖励而哭闹，因为得到赞许和奖励而开心。

两岁之后：竞争意识快速发展

如果养育者没有给幼儿做好胜负观念的引导，就很容易造成幼儿非得第一不可。幼儿在两岁之后出现自主意识，会越来越看重自我的感受和想法。发展至三岁左右时，幼儿就会出现各种必须要赢、不接受失败的想法。再加上如果养育者平时故意让着幼儿，幼儿就会觉得不管是在家里还是外面，只有自己赢才行。

在这个阶段，幼儿的竞争意识也变得越来越强，他们常会出现接受不了失败从而闹情绪的现象。这既是幼儿发展的客观规律，也是养育者后天培养过程中引导方式产生的结果。

三岁前：帮幼儿建立良好的物质奖励机制

需要提醒养育者的是，如果在三岁前没有给幼儿建立起良好的物质奖励机制，幼儿就很容易出现低欲望、高自尊的情况。这样的幼儿在竞争和协作类的游戏和任务中，很容易出现两种极端：逃避竞争，避免失败；不接受失败，必须要赢。

因此，养育者既要关注幼儿竞争意识的发展规律和特点，还要重视日常生活中的奖励机制，避免不好的奖励机制和竞争交互导致幼儿产生“胜利是一种奖励、失败是一种惩罚”的观念，帮助幼儿建立起更健康合理的胜负观。

如何引导幼儿理解胜利和失败

前面我们讲过，幼儿的竞争意识通常在一岁半后开始出现，两岁半开始爆发。养育者引导幼儿更好地认识胜利和失败，对幼儿来说很重要，因为幼儿在三岁前会有大量外出社交的需求和机会，三岁后，幼儿上了幼儿园后又不得不面对大量竞争的场景。

我们在对幼儿观察和追踪的过程中发现，给幼儿做好竞争意识的引导至少需要经历以下三个阶段。

感受和接受失败

在日常的任务和游戏中，养育者要让幼儿体会到足够多的失败。这也是一种最早期的失败教育，也可以理解为挫折教育。

挫折教育最适合两岁前的幼儿，因为他们在此时的自主意识还不太强，成功和失败的情绪体验差别也不会特别明显，适合让幼儿感受和理解失败。比如，养育者和幼儿比赛吃饭、喝水时，不要一直让着幼儿，而是让幼儿意识到如果努力一下就很可能获得胜利，并能获得奖励和鼓励。

幼儿到了两岁之后，特别是两岁半至三岁，幼儿的自主意识变强，养育者在这个阶段需要尝试其他方式。比较好的办法是，养育者通过体育竞赛的方式，帮助幼儿建立正确的比赛和竞争观念。因为在竞赛类的体育运动中，失败是常态。如果幼儿在自己能力承受范围内体会到了足够多的失败，就更有可能接受失败，把失败看作一件普通平常的事情，而不会视之为多么痛苦难受的体验。

做好归因工作，建立正确的胜负观

对于两岁之后的幼儿，养育者需要帮幼儿做好归因工作，建立正确的胜负观。否则，幼儿就很可能会把“失败”和“不是第一名”画等号，进而把失败变成一种心理层面的惩罚。因此，体验失败对幼儿来说固然重要，但在体验过后还要帮助幼儿接受失败。

毕竟，失败才是生活常态。接受失败实质上就是帮幼儿对失败进行归因。把失败归为自身问题还是外界环境问题，对幼儿理解和认识失败起到了决定性的作用。在陪伴幼儿玩耍时，对于很多养育者和小朋友之间的比赛竞争，养育者都较为容易控制比赛的结果。不过，还需要特别注意的是，如果让幼儿感受到游戏结果完全由养育者掌控，就会严重打击幼儿参与比赛的积极性。

在日常亲子互动的过程中，养育者可以人为地控制比赛的输赢，在幼儿输了的时候帮幼儿找到问题所在，给幼儿一些具体的建议和思路，鼓励他们争取下一次可以战胜养育者。这种时候也是对幼儿进行情绪引导的好时机，可以鼓励幼儿表达出自己失败后的情绪体验和感受。

此外，对失败的认识和归因往往与养育者给幼儿的反馈有关，也与幼儿对规则的理解有关。如果和幼儿玩小汽车比赛时，把比赛胜利的标准变成“比谁慢”，那么幼儿是否会对争第一名没有那么强烈的意愿了？

因此，对于两岁多的幼儿，养育者要引导幼儿体验输的感受，输了之后还要帮幼儿归因，并思考下次获胜的办法，树立正确的输赢观。

鼓励幼儿做规则的制定者

对于两岁半之后的幼儿，养育者还要鼓励他们做规则的制定者，自己则去做规则的辅助实现者或规则的挑战者，其实这是一种换位思考的操作，不仅能让幼儿换个角度去看待比赛和竞争，还能让幼儿有更为丰富、立体的竞争和比赛体验。此外，由于规则本身就是特别抽象、不准确的，总会存在不足，因此这还有助于锻炼幼儿的想象力和分析、判断的能力。

理解早期撒谎与诚信意识的培养

案例

男孩，三岁。养育者自述，在幼儿 2 岁 10 个月左右时，开始会撒谎。比如，虽然刚尿完尿五分钟，但还是会突然说要尿尿。养育者分不清这是幼儿在撒谎，还是不想继续待在这个地方而找的借口。于是，养育者会问幼儿，是真的有尿，还是想离开这里去别处玩？对此，幼儿说不清楚，只说自己想尿尿。

奶舅分析

这个案例很特别，我希望养育者先理解以下两点：

★ 幼儿在两岁多时出现撒谎的行为，其实是一件很好的事情，因为这说明幼儿的认知能力得到了特别好的发展；

★ “撒谎”本身是一个中性的词，因此养育者不要带有偏见地去看待撒谎行为，而应通过幼儿撒谎行为背后的意图来判断撒谎行为的性质。

在理解了上述两点后，我们接下来不妨思考一下这个案例中幼儿的行为。养育者已经意识到，幼儿在一些情况下会故意说自己想尿尿，其实是为了表达自己的不情愿（如不想继续待在某个地方）。后来，养育者也说了试着去和幼儿沟通，但未果。

这个案例很有意思的一点在于，养育者常常能判断出幼儿撒谎的意图，幼儿却不愿意沟通。这在很大概率上说明，养育者并没有教幼儿如何表达自己的真实想法。这种情况通常不会有什么大的问题，只不过持续发展下去，就容易产生幼儿真的想尿尿但养育者会错意的情况，有点像“狼来了”。因此，养育者对幼儿早期撒谎的引导很有必要，要帮助幼儿找到更合适的方式来表达真实想法。

比如，在这个案例中，养育者可以在明显判断出幼儿说“尿尿”只是为了表达不愿意继续待在某地，就要通过实际行动来让幼儿知道，除了这种方式还有哪些更好的表达方式。养育者需要蹲下来，用以下方式给幼儿演示：

★ 鼓励幼儿下次直接说“妈妈，我不喜欢待在这里，我们出去好不好”；

★ 假装要去洗手间，和幼儿一起离开；

★ 在一些大人不太喜欢的场合，用模仿幼儿的方式（想要“尿尿”）

表达不情愿待下去，然后和幼儿进行复盘和分享，幼儿就更有可能体会到自己撒谎行为产生的后果是什么。

培养幼儿的过程很复杂，任务也很艰巨，如果养育者对很多小问题不注意，就很容易让其演变成大问题。对于幼儿撒谎，养育者无须过分担忧，但也不能完全放任不管，最核心的思路如下：

★ 给幼儿演示，如何用比撒谎更合适的方式来表达真实需要；
★ 让幼儿切身感受自己撒谎会让其他人有什么感受，以及可能带来的后果是什么。

如果能做到上述两点，那么幼儿不但可以有很好的认知发展，还能有效避免不必要的误会和撒谎带来的严重后果。

奶舅温馨提示

幼儿阶段出现撒谎行为并不是什么严重的事情，养育者应当多尝试和幼儿一起了解撒谎背后的原因，帮助幼儿找到更合适的表达方式和沟通渠道。鼓励并引导幼儿，用更合理有效的方式达到自己的意图和目的，而不是靠欺骗和谎言，从而培养幼儿的诚信意识。

如何理解幼儿早期的撒谎行为

再次强调，“撒谎”是一个中性的词，它是对事实进行曲解或再加工的过程。这个过程会涉及更高级的认知系统参与，这是一个非常漫长的学习过程。因此，幼儿越早出现撒谎的行为，就说明幼儿的认知能力发展得越好。

他们在刚开始都是通过哭闹来表达需求和目的，有时养育者错误地理解了幼儿的哭闹，幼儿从哭闹中得到了“好处”，他们就会更愿意通过故意和假装的方式来得到“好处”，这是很简单的奖励机制建立的逻辑。

幼儿掌握了语言之后，还是会沿用之前类似假哭的方式（如简单的谎言）来达到自己的目的。如果幼儿发现，自己故意说错之后会有一些有意思的事情（如惊喜、礼物或其他奖励）发生，他们就更喜欢通过这样的方式，继续表达自己的想法和需求。

然而，这种做法和假哭类似，并非长久之计，需要养育者帮助幼儿找到一些更好的表达真实想法和需求的方式，否则很容易造成幼儿为达目的做更多过分的行为。

如果幼儿撒谎了，那么养育者无须过于恼火和担心，将心比心，成年人在日常生活中其实也经常会撒谎，而且这往往也无伤大雅。因此，当幼儿出现撒谎行为时，不必过度指责或惩罚幼儿，而且也不应该只有“严打和强堵”与“放任自流”这两种简单粗暴的方式，更建议使用场景化的互动过程，引导幼儿学会更多表达自我的方式和机会。

幼儿阶段的撒谎水平的特点和发展规律

我们在观察和追踪过程中发现，幼儿阶段的撒谎水平有着明显的特点和发展规律，这不仅和幼儿的认知能力发展密切相关，还与家庭环境和养育方式密不可分。

实际上，幼儿出现撒谎行为的时间，远比我们想象得要早很多。从刚开始采用哭闹的方式来表达的想法和需求得到满足和支持后，幼儿会经验性地意识到，原来只要哭闹就可以达到目的，于是假哭就成了幼儿最早掌握的“撒谎”行为。随着一至两岁幼儿的语言能力的快速发展，幼儿的撒谎也开始借助肢体和语言来达到自身的目的和意图。

然而，由于幼儿早期的认知能力发展有限，撒谎经验严重不足，因此撒谎通常是极易被识破的“直接否认”。养育者往往面对幼儿这种幼稚的撒谎行为一笑置之，因为就算养育者点破了，幼儿也很难理解养育者的真实意图。

那么，幼儿阶段的撒谎水平有什么样的特点和发展规律呢？

直接否认或沉默

当两至三岁的幼儿犯了错误被问到时，他们通常会通过直接否认的方式来逃避惩罚。然而，他们的这种撒谎方式极易被养育者识破。幼儿之所以会出现这种撒谎方式，是因为他们的认知能力和语言能力有限。此外，这个年龄段的幼儿还会因为害怕被惩罚而想通过直接否认来逃避惩罚。

嫁祸与转移目标

三岁之后，当幼儿做错事或想要实现自己的意图和目的时，会开始使用一些简单的撒谎策略，而不再像以前那样直接否认或沉默。比如，明明是自己把杯子摔碎了，却常常会将此嫁祸给爸爸或其他人。如果观察到养育者表示怀疑，他们往往会采用假哭来转移养育者的注意力，试图逃脱惩罚。

试图说服他人相信谎言

我们追踪发现，少部分四岁前的幼儿已经能够发展出比较丰富的说谎策略，他们会观察养育者的神情变化和反馈，决定自己下一步的说谎策略。比如，如果养育者怀疑杯子不是爸爸摔碎的，幼儿就会试着去找一些具体的理由来让养育者信服。

值得注意的是，幼儿出现假哭和撒谎的行为是特别正常的发展特点，千万不要盲目地给幼儿的撒谎行为贴上负面的标签，更不要因为幼儿撒谎而急于批评和惩罚幼儿。撒谎行为的出现和幼儿阶段的认知能力发展有关，也和亲子间不对等的关系有关。

由于养育环境是由养育者提供的，幼儿对养育者有强依附性，他们表达想法和需求往往很容易受到养育者的左右，因此养育者应当抱着宽容和理解的心态看待幼儿的撒谎行为。

此外，养育者还要给幼儿提供通畅表达诉求和想法的通道，通过制定家庭规则并集体遵守和执行，给幼儿提供合适的沟通和表达的渠道。这样，幼儿才更有可能选择主动表达，而不是通过撒谎来达到自己的意图和目的。

情感需求发展的特点和引导方式

案例

男孩，3 岁 10 个月。妈妈自述，最近和幼儿在他姥姥家，每天晚上和爸爸视频。有一天早上起床后，要给妈妈拍照并发给爸爸，还说这样在爸爸想妈妈时，可以看看他拍的照片。妈妈感觉幼儿懂得什么是思念了。

奶舅分析

情绪和情感是人们在生活中不得不面对的。在幼儿阶段，情绪和情感的发展存在着明显的区别：情绪（如焦虑、恐惧、高兴、伤心）更多的是受环境变化和生理变化的影响，偏生理层面；情感（喜欢、爱、厌恶）则更为抽象，强调个人体验，偏心理层面，掌握它需要更为复杂的认知和学习过程。

幼儿通常在幼儿早期就已经掌握了丰富的情绪表达方式，而情感的表达则需要更长时间的观察、模仿、感受和学习的过程，这个对情感学习和理解的过程需要间接的方式。正如这个案例里讲到的，幼儿知道如果爸爸想妈妈了就可以看妈妈的照片，这就是通过具体的行为间接地体现思念。因为思念这种情感是极为抽象的。

如果你在三岁前给他讲“喜欢”“爱”“讨厌”这类词汇，那么他们往往无法直接理解其背后的含义。如果你在拥抱幼儿的同时告诉他“我喜欢你，我想要抱抱你”，你的喜悦和情感体验就可以通过拥抱的方式让幼儿间接地感受到。幼儿刚开始会“照猫画虎”地模仿，比如想对爸爸妈妈表达亲昵，幼儿就会跑过来抱抱爸爸妈妈，并说“我喜欢你”。这个过程和案例中的幼儿要给妈妈拍照片并发给爸爸表达思念的过程极为类似。

幼儿更容易理解简单直接的行为，而情感的需求和表达则需要养育者通过更多的行为展示给幼儿，让他们可以反复多次体验和感受才更有可能感同身受，从而更好地理解和表达情感。

我相信，这个案例中的妈妈肯定在日常生活中告诉过幼儿，如果想念爸爸或其他人，那么可以通过看照片的方式表达自己的思念之情。当然，幼儿在三岁前是很难理解思念意味着什么的，但如果是长时间的言传身教，幼儿就能在四岁左右情感发展的关键时期很好地表达自己的情感，也能更好地理解其他人对自己的情感需求。

奶舅温馨提示

如果养育者希望幼儿可以发展出更好的情感表达能力，那么不但需要从小给幼儿关心和关怀，还要把“我喜欢你”“我讨厌你”这种情感表达具象化、行为化，只有这样，幼儿才更容易理解养育者表达的情感。

否则，就更像是“对牛弹琴”和“自我感动”的自我言语了。养育者也可以学习这个案例中的方式，鼓励幼儿多表达思念这种情感体验，教幼儿用更行为化（如要是见不到很亲密的人，就可以看他的照片）的方式表达情感。

幼儿阶段的情绪和情感的发展特点

养育者既要了解幼儿阶段的情绪和情感的以下发展规律和特点，还要基于实际情况给予相对应的帮助和引导。

情绪是单向的，情感是双向的

情绪出现得特别早，偏生理层面，表达情绪的方式往往都是单方面的、直接的，如哭闹、喊叫、摔东西等方式。情感则是双向的，即至少需要两个人才能建立起情感，表达情感也需要有具体的依托，如拥抱等。

哭泣是最为常见的能体现情绪和情感表达区别的行为。比如，思念的哭泣和生气、伤心、愤怒的哭泣是很不一样的体验。人们通常都能感受到这其中的不同，却又很难将其描述出来。

情感的发展是先积极后消极

幼儿情感需求及表达的发展，通常是在三岁以后，幼儿阶段的情感发展和情绪发展类似，也是先积极后消极。也就是说，幼儿在三岁之后最先能理解和表达的是那些积极的情感，比如喜欢、爱、思念等。到了四岁左右，才能逐渐理解和表达厌恶和仇恨这类消极的情感。

在幼儿上幼儿园前，养育者需要多向幼儿表达积极的情感，让幼儿能更好地体验积极情感的氛围。在幼儿上幼儿园后，养育者注意幼儿对其他人的厌恶和仇恨的表达，及时发现并给予正确引导（如及时赔礼道歉、向老师或其他家长主动求助等），避免幼儿把消极的情感体验变成暴力和破坏。

情感错位现象与合理表达情感

养育者需要了解幼儿阶段的情感需求和情感表达的发展规律，并基于此做出有针对性的引导和帮助。

情感是双向的，需要养育者持续的情感表达

由于情绪是单向的、偏生理激素变化的，因此幼儿很容易学习和模仿情绪表达。然而，由于情感是双向的，对其学习和模仿则较为困难，需要养育者持续的情感表达让幼儿体验和感受情感。这也导致了亲子情感错位的现象。

亲子情感错位现象，是指父母在有了婴儿后，受生理和心理的双重作用，会对婴儿产生特别强烈的情感需求，但由于婴儿的情感需求通常在三岁之后才能快速发展，因此会导致养育者和婴儿之间的情感需求出现以下两次错位：

- ★ 第一次错位是在有了婴儿后，父母对婴儿产生强烈的情感需求，但因此时得不到婴儿的回应和反馈，父母会产生失落和抑郁的情绪；
- ★ 第二次错位是随着时间的推移，养育者对幼儿的情感需求减少并逐渐趋于稳定，但幼儿的情感需求在三岁之后开始爆发增长，导致幼儿强烈的情感需求得不到父母足够的回应和反馈，从而产生失落和受挫的情绪。

亲子间的两次情感错位现象，也在我们对幼儿观察和追踪案例研究中得到了进一步证实。因此，养育者对于幼儿阶段的培养需要注意，三岁前应注重幼儿的情绪表达方面的培养和引导；三岁后，要重视幼儿的情感表达方面的培养和引导。简单地说，幼儿在上幼儿园前，养育者要在家里多做情绪引导；上幼儿园后，幼儿园老师和养育者都要多给幼儿做情感体验和情感表达方面的互动游戏，让幼儿学习如何表达情感。

情感表达需要具象化和行为化

由于情感的表达过于抽象化，因此如果要想让幼儿更好地理解情感需求和情感表达，就得把它们具象化和行为化，从而帮助幼儿理解和学习。比如，养育者可以在说“我喜欢你”的同时配合拥抱或亲吻额头的方式，让幼儿感受“喜欢”是什么；通过说“如果想我了就给我打电话”，让幼儿感受长时间不见的思念是什么。

多做情景模拟类型的互动游戏，体验情感变化

这种方式适合两岁半以后的幼儿，养育者可以通过“过家家”、情景互动、角色扮演等方式，带幼儿一起体验不同的情感场景，比如在和幼儿一起看了绘本或动画片中有关亲子间的情感表达的故事后，立即和幼儿在玩具区模拟一遍，丰富幼儿理解和感受情感的渠道。

因为幼儿通过图片或动画得来的感受，肯定不如与养育者在现实场景中互动感受到的更真实、更丰富。因此，对于两岁半之后的幼儿，养育者需要多用“舞台剧”的方式模拟各种情感需求和情感表达的场景，给幼儿做演示和示范，让幼儿去体验和感受情感的变化，帮助他们更好地理解情感。

在出现第一次情感错位时，要在确保给幼儿做好陪伴和护理的前提下，多关注养育者的情感和情绪方面的问题，特别是幼儿的妈妈，其他养育者一定要多给新手妈妈一些鼓励和支持。

在出现第二次情感错位时（通常是幼儿三岁之后），如果养育者观察到幼儿有点受挫或委屈，要及时给予幼儿拥抱和安慰，还要给予幼儿后续遇到类似情况时的应对策略。这样不仅能让幼儿更好地了解自己的情绪、情感问题，还有助于他们掌握如何处理这些问题的技巧和办法。

第9章

幼儿适应未知能力的发展与培养

适应未知能力是幼儿通过生理感官感知、行为与环境交互习得的、基于自身能力而做出快速分析和判断，从而选择合适的策略应对充满未知环境的能力，包括时间意识和时间规划能力、风险意识和风险评估能力。

幼儿适应未知能力是一种综合能力。由于“时间”和“风险”都是抽象的概念，因此只能通过间接的方式（如做任务或互动游戏），引导幼儿积累应对陌生环境的经验和技巧，使幼儿具备自主应对能力。

时间意识和时间规划能力的培养

案例

男孩，四岁。妈妈自述，每天晚上八点都会要求幼儿小便后准备睡觉，但幼儿还是玩玩具，对睡觉这件事一拖再拖。有时，妈妈会不耐烦地催幼儿，说“快点”，幼儿就很不情愿地去睡觉了。妈妈觉得自己这样做不好，但又觉得事先已经提醒幼儿好几次了，但他每次都是这样，妈妈也感到很无奈。

妈妈在反思了几天后，突然发现拖拉的好像不是幼儿而是自己。比如，在出门前，妈妈常会让幼儿提前准备好，于是幼儿兴奋地站在门口等妈妈。可是妈妈却总有一些东西没有收拾完或准备好，幼儿在等待时觉得无聊，于是又去玩别的了。

奶舅分析

这个案例很有意思。以上两段话分别是这位妈妈隔了两天在我的微博下面的留言。我很高兴能有这么多的养育者和我一起见证幼儿的早期成长，也很高兴越来越多的养育者在给我留言和互动交流的过程中，加速了对幼儿成长和养育者自身行为习惯的思考。

这也是我一直强调的：只有让养育者的思维和行为习惯变得更好，才谈得上真正意义上的帮助幼儿。留言所描述的这个行为本身就是养育者对自己的反思和总结，只有反思和总结的次数增多了，才更有可能看到自身的不足，找到突破口以解决问题，提升自己的养育体验，帮助幼儿更好地成长。养育者应该坚持下去。

回到这个案例，对于四岁左右的幼儿，"小诡计库"里的"小算盘"和"鬼点子"已经越来越丰富了。幼儿和养育者在日常生活的互动中，往往会出现特别多的博弈现象。幼儿在有耐心时，会主动和养育者谈判；没耐心时，则会采用假哭和胡闹的方式达到目的。因此，养育者在面对三至五岁这个阶段的幼儿时，一边要多想一些应对策略，一边要培养幼儿自己做规划和计划的能力。养育者既不能一味让步，也不能死守规则，而要灵活变通地帮助幼儿养成良好的行为习惯，最终的目标是让幼儿有自己独立完成任务的能力，以及给自己做时间规划的能力。

两岁以后，幼儿的自主意识越来越占主导，幼儿的计划和养育者的计划常常会发生冲突。比如，养育者想让幼儿去睡觉，幼儿虽困得不行但还想玩一会儿；养育者突然接到电话，有要紧事需要处理，幼儿却漫不经心地玩要着，坚决不让养育者离开；养育者上班要迟到了，幼儿却像没事似的，不停地干扰养育者。

这些现象在日常生活中每天都在上演，此时比较有效的方式并不是要求幼儿必须怎么样，而是把与幼儿的直接冲突转变成间接冲突，在冲突升级前给幼儿一个缓冲的机会。比如，到了睡觉时间，幼儿困得不行但还是闹着要玩，如果养育者发火就很容易以一场苦情戏收场，大人、幼儿都会感到很崩溃。养育者可以和幼儿一起设置五分钟闹铃，并事先和幼儿讲好规则和条件，陪幼儿一起玩五分钟，闹铃响了就要一起去睡觉。

在其他场景里，这个方法也同样适用。比如，养育者有要紧事需要处理，幼儿坚决不让养育者离开，那么养育者可以蹲下来和幼儿讲清楚缘由，并主动提出“我可以陪你一起玩三分钟，时间到了我就得离开”。通过引入时间，可以化解直接矛盾冲突。这也是培养幼儿的时间意识的方式之一。

奶舅温馨提示

养育者可以多尝试通过引入时间化解亲子间的直接冲突，慢慢就会发现，幼儿并没有那么不讲道理，更多的是养育者情急之下不讲道理。

培养时间意识和时间规划能力，有利于幼儿发展

我们都知道，时间意识和时间规划能力对一个人的发展至关重要。然而，对成年人来说，做计划和规划并不难，最大的阻碍是执行力。对幼儿来说，有养育者在成长环境中监督，执行起来会比成年人

容易很多。因此，时间意识和时间规划能力的培养，对幼儿的成长来说很有必要，而且幼儿在两岁半时已基本具备了培养条件。

读研期间，我做的研究主要是跨期决策，具体方向为与时间感知相关的决策研究。基于幼儿追踪观察研究，我认为培养幼儿的时间规划能力，至少有助于以下三个方面能力的发展。

执行力

如前文所述，在执行力方面，幼儿比成年人更有优势。如果养育者能给幼儿培养好的时间规划能力，幼儿就必然能在大量任务训练过程中锻炼出很好的执行力，这将有助于幼儿进入幼儿园后，在集体生活中学习社交规则，也能更好地参与互动。

规则意识

一至两岁是幼儿学习家庭规则的关键阶段。如果前期疏于培养，幼儿到了两岁之后自主意识变得越来越强，规则对于幼儿的约束很容易失去作用和效果。这样发展下去，幼儿理解和遵守家庭、学校和社会规则也会出现很多问题。

培养幼儿的规则意识并非易事。养育者给幼儿培养时间意识和规划能力能让幼儿更好地体会规则。比如，闹铃声意味着明确的结束和终止，这个规则很明确且可执行。

情绪控制

在培养时间意识和规划能力时，如果幼儿逐渐有了很好的执行能力和规则意识，养育者就会发现更大的附带收益——幼儿的情绪控制能力会得到特别大的提升。因为在和养育者日常互动时，幼儿有了明确的规则意识，其哭闹的次数会越来越少，同时也训练了幼儿的情绪控制能力。

如何培养时间意识和时间规划能力

时间意识和规划能力，是幼儿适应未知能力的重要组成部分。幼儿阶段的时间规划能力，表现为幼儿对抽象的时间概念有基本认知，知道在不同长度的时间内能完成不同难度的任务，初步具备基于自身能力对生活和任务有规划和计划的能力。

两岁开始，养育者可以有意识地给幼儿培养时间观念。比如，先借助时钟上的数字、太阳的位置等方式，帮助幼儿理解“时间”这个抽象概念。然后，在日常生活中和幼儿做任务、玩耍、互动时，增加“定闹铃”的步骤，让幼儿感受时间长短，并理解闹铃声意味着明确的结束和终止，这会有助于帮助幼儿树立规则意识、做好情绪控制。比如，养育者让幼儿知道拼积木需要多长时间，吃饭在多长时间内完成可以得到奖励等。

需要注意的是，定闹铃的方式在执行过程中需要讲究一些策略，刚开始时不宜要求过于严苛，养育者可以人为控制闹铃响的时间。比如，幼儿分心时，养育者可以悄悄地把闹铃暂停，并给予幼儿必要的提醒、鼓励或者引入竞争。养育者控制时间的目标是让幼儿可以在闹铃响起前完成，给予幼儿及时反馈，这样才不至于打击幼儿的积极性。当幼儿独立完成任务时，养育者要给予幼儿最用心的夸赞和鼓励，不管是物质层面的奖励，还是精神层面的鼓励和夸赞。幼儿早期独立做任务的自信心是特别重要的。

两岁半之后，养育者开始培养幼儿做规划和计划的能力。这个阶段，养育者可以让幼儿参与规则的制定，比如让幼儿自己拿起手机打开闹钟，设置好时长，点击开始按钮，等到闹铃响起的时候，让幼儿自己关闭闹铃。在这个过程中，养育者只需要偶尔提醒一下幼儿时间进度，并在最后倒计时提醒即将结束即可。

在幼儿熟练完成上述步骤后，养育者可以把一天分成几个小的模块，让幼儿在多个任务和活动之间进行时间分配和前后排序。比如，今天早上要去商场玩一小时，商场里有幼儿很喜欢的玩具城和书店，养育者可以让幼儿自己决定先去哪个地方，每个地方分别去多久，并为幼儿设置好提醒闹铃。

这样持续下去，幼儿做规划和计划的能力就会得到锻炼。从长远发展角度来看，对幼儿的帮助作用特别大。

风险意识和风险评估能力的培养

案例

女孩，两岁。养育者觉得幼儿毕竟还小，可能不懂什么风险或评估，没想到在做一些危险的事情后，幼儿很清楚自己的身体会有什么感觉。

比如，在摸过一次烫的东西后，幼儿就知道被烫到会很不舒服；摔倒一次，就知道疼是什么感觉了。在遇到一些危险后，养育者会跟幼儿说是什么感觉，幼儿也能明白不能做这些危险的事情。不过，养育者还是需要经常提醒幼儿，才能让她很好地避开危险的事情。

奶舅分析

两岁左右的幼儿，由于自主意识爆发，好奇心会更强烈，但不同的幼儿对风险的态度以及采取的行为是不一样的。

幼儿在一至两岁时，如果养育者为幼儿提供了大量活动场景体验和学习，那么幼儿往往会比较冒失，并对自己的行为盲目自信，容易出现做出各种危险行为；相反，如果养育者在这个阶段没有给幼儿提供大量活动场景，幼儿就很有可能特别小心谨慎，到了两岁，要是养育者没有及时发现并对幼儿进行引导，幼儿就很容易在三岁之前越来越拒绝和抵触陌生，惧怕风险，也不敢尝试新事物。

在这个案例中，幼儿已经明白危险和伤害了，但还是需要养育者经常提醒，才能很好地避开危险的事情。这是为什么呢？受记忆力发展的限制，两岁左右的幼儿往往很难对危险和风险形成认识和理解，可能时间一久，幼儿就忘记了哪些东西会给自己带来危险和伤害。这个过程其实很好理解，如果养育者在幼儿两至三岁时教其英文单词，并且在学完一段时间内不使用也不复习，那么幼儿很快就忘了。

一至两岁时，由于幼儿具备了自主探索的能力，加上一岁半至两岁半这个阶段其自主意识爆发，他会在这个阶段通过大量行为和后续的反馈，主动习得生活场景中的危险，从而逐渐发展出最早期的风险判断能力。正如案例中讲到的，在摸过一次烫的东西后，幼儿就知道被烫到会很不舒服；摔倒一次，就知道疼是什么感觉了。这个过程就是幼儿在通过行为以及行为带来的后续反馈和感受，快速了解和习得生活场景中的风险和危险。

然而，由于幼儿的生活经验和记忆力发展都极为有限，因此他们对于风险和危险的理解需要一个反复的过程。也就是说，两岁左右的幼儿，已经能分辨出一些日常生活中的危险场景，摔一次或受到一次伤害后就会“长记性”，但过一段时间，幼儿又会出于好奇或暂时忘却了危险，还是会去尝试和试探，容易再做出危险的行为。

我们追踪发现，上面提到的这种反复过程，几乎会持续到幼儿三岁左右。因此，对于有两岁左右的幼儿的养育者来说，为了帮助幼儿更好地理解风险和危险，教他们如何有效地规避风险，需要养育者给他们人为地增加日常风险场景的提醒和警示。

奶舅温馨提示

养育者需要蹲下来，多耐心地跟幼儿讲解和分析为什么会出现危险，以及会带来哪些后果，千万不要嫌麻烦。在有保护的前提下，多带幼儿体验和感受一些有风险的运动或互动场景，这样可以帮助幼儿在两岁半之后，更好地学习和掌握风险判断的能力。

幼儿对风险和危险的理解的三个阶段

先来谈谈“危险”和“风险”的区别。

日常生活中容易给人们带来负面反馈的，通常会被认为是危险。比如，幼儿从高处摔下来，幼儿向马路上跑去，这些都是危险的场景；风险强调的不是会有负面反馈或造成不可逆的损伤，而是强调不确定和未知。比如，幼儿过马路的时候，马路上来了一辆车，车离得很远通常不会发生危险，而当车离得很近时就会容易发生危险。这种危险程度的动态变化并带来的不确定和未知就是风险。

因此，对于幼儿来说，危险更像是确定会带来伤害的后果和场景，而风险更像是一种对于未知和不确定的判断或理解。我们追踪和观察发现，幼儿对危险和风险的理解，通常会经历以下三个阶段。

一岁前：还不懂危险是什么

一岁之前的幼儿，主要是通过视觉和触觉来感受一些生活场景的，他们还不能理解危险是什么。如果养育者通过语言或吼叫的方式告知幼儿危险，那么幼儿通常不会有什么反应，而且对幼儿也起不到什么效果。

这个阶段的幼儿会不停地尝试和试探，如果发现没有负面的反馈或感受（如疼痛），就会更加自信地继续尝试和试探，直到感受到一些负面的反馈或感受。因此，养育者需要注意，尽可能不要把可能会带来危险的物品放在幼儿面前，否则幼儿在对危险没有认识的前提下，被好奇心驱使着去做各种疯狂的尝试，从而发生危险。比如，幼儿把玩具零件塞进嘴里或鼻孔里。

一至两岁：能逐渐理解危险，但不具备评估风险的能力

一岁之后，幼儿在能爬能走之后，会有大量行为尝试和后续的行为反馈。在这个阶段，幼儿可以通过大量行为后的负面感受，逐渐经验性地习得"危险"这个概念。我们追踪发现，幼儿在两岁前通常不具备评估风险和危险的能力，只能通过一些行为产生的感受和后果来决定下次要不要继续尝试。在这个过程中，幼儿前几次的行为反馈会对其之后的行为和选择产生很大的影响。这也就很好理解，为什么有些幼儿从小就特别小心谨慎，有些幼儿则从小胆大冒失。

大概在两岁左右，幼儿会产生两种比较有代表性的对风险意识的认知：一种是幼儿会谨慎和惧怕，另一种是幼儿会盲目自信和勇敢尝试。当然，绝大部分幼儿是在这两者之间摇摆不定。养育者需要在这个阶段，在有保护的前提下，多带幼儿体验和感受各种风险和危险的场景。

比如，在一些运动类的活动和项目中，幼儿有了受伤或疼痛的体验之后，养育者要帮助幼儿接受和适应这些危险场景，能为其之后学习和掌握风险评估能力做好准备。

两岁之后：逐渐具备风险评估的能力

我们追踪发现，幼儿通常会在两岁至两岁半这个阶段，逐渐发展出比较明显的风险意识。主要的行为表现是幼儿可以借助感官分析和判断出生活场景中哪些地方会有危险，以及如何有效规避这些危险。

幼儿在这个阶段能熟练掌握如何评估熟悉场景中的危险，但往往

到了两岁半之后才能利用身体感官评估未知的风险。比如，幼儿可以通过声音大小判断动态物体离自己距离的远近，通过观察大小变化可以知晓距离，进而根据判断的结果进行行为选择。

从危险和风险意识的培养不难得出，三岁前不应对幼儿定性和分类。养育者千万不要因为幼儿几次的行为表现，就给幼儿贴上“内向胆小”或“外向勇敢”的标签。幼儿是性格养成的阶段，行为习惯、思考方式和情绪情感表达都处于快速学习和变化。不对三岁前的幼儿定性和分类，是对幼儿最大的尊重和保护。

如何培养风险意识和风险评估能力

在第4章中介绍过，幼儿发展的三个层次分别是感知世界、理解成长、适应未知。幼儿阶段适应未知，通常需要四个方面的能力：交流与沟通、情绪与情感表达、时间规划，以及风险评估。

其中，风险评估能力是适应未知这四个方面中最难的，也是发展最晚的能力。因为风险评估能力是一个复杂和综合的能力，包括观察、分析判断、行为选择、反馈后再观察、再分析判断、调整行为等。

培养幼儿的风险意识和风险评估能力，需要一个复杂且漫长的过程，我们追踪发现，早期风险评估能力的培养适合两岁半至六岁的幼儿。这种能力也是幼儿上学后需要独自应对未知所需的能力。在幼儿阶段，培养幼儿的风险评估能力需要经历以下过程和阶段。

如何使用感官来观察

两岁左右的幼儿通常已逐渐具备了培养风险评估能力的条件，养育者可以通过引导和示范，教幼儿如何使用感官来观察生活中的场景，并告诉幼儿在进行视觉观察、听觉观察、触觉观察时分别需要注意些什么。比如，养育者和幼儿做一些冒险类（如走独木桥游戏）的亲子互动时，可以告诉幼儿如何更好地利用眼睛、耳朵和四肢来判断危险，以及如何保护自己、避免受伤。

如何通过感官观察和行为试探来判断陌生场景中的危险程度

对于两岁至两岁半的幼儿，养育者要教幼儿如何通过感官观察和行为试探来判断陌生场景中的危险程度。比如，如何发现地上有一摊水，那么可以教幼儿蹲下来，从侧面观察有水的地方是否有反光，并用小脚试探分析水的深浅和多少，从而判断地上的水是否容易让人摔倒。这个过程可能会涉及好几个感官同时进行观察和判断，这是幼儿通过大量感官和行为试探逐渐积累对风险和危险判断经验的过程。

如何通过感官分析和评估风险场景

养育者要主动带幼儿到现场体验和感受风险，在有保护的前提下，让幼儿自行判断和决定行为选择。具体做法是，在确保幼儿安全的前提下，养育者带着幼儿一起通过观察、尝试、再观察的过程，对生活中的未知场景进行学习和分析，做出合适的判断和行为选择。比如，幼儿到了两岁半之后，养育者可以尝试教幼儿如何判断路上车辆的多少、危险程度，决定是否过马路。引导幼儿先观察交通信号灯，然后在路边教幼儿如何通过声音判断车辆的远近，通过观察车辆的大小变化判断车距，以及通过声音和车距共同判断是否要过马路。

养育者要多鼓励幼儿自主选择和决定，帮助幼儿自行分析和判断陌生环境中的风险和危险，从而做出合适的行为选择，有效避免危险的发生。养育者在这个过程中主要起保护的作用。

粉丝寄语

@ 苔上绿阶：年轻养育者

初识奶舅是在新冠疫情相当严重的时候。在这之前，我每天都过得很焦虑。想必有很多养育者和我一样，越是过于在意孩子的一举一动，就越会让自己陷入泥淖。

奶舅这本书的内容，就像一场及时雨洒向久旱的大地。从幼儿的合理喂养到人际交往，对包括我在内的“新手妈妈”来说具有很高的参考价值。

犹记得我在培养女儿礼貌习惯时，不停地说服她和陌生人打招呼，但是我越“强行礼貌”她似乎就越逃避。对于这一点，我从奶舅的知识库中找到了答案——原来，所谓的“伪礼貌”会在无意中对孩子造成伤害，于是我转变策略，消解那些本不应属于孩子的压力。

我很享受在微博和奶舅的每次互动，“奶舅被迫营业”栏目已俨然成了我每天的必读物。期待奶舅的新书给养育者们分享更多的惊喜。

最后，我想向读者们隆重地介绍奶舅——一个为孩子操碎心的男人。

@ 鱼背上的蝎子：儿科医生

作为儿科医生，我非常希望孩子们身心健康地成长。在我看来，因为现代医药卫生的发展相对先进，所以孩子大部分的生理疾病都能得以治疗。然而，现代心理学发展相对滞后，在孩子心理发育、行为习惯发展欠佳时，无法像治疗生理疾病一样在短期内得以改善，同时心理发育、行为习惯良好，也会减少生理疾病的发生。

所以，对于多数家长而言，学习并实践科学的儿童心理、行为习惯培养方法，对养育孩子事半功倍。作为医生，由于我在心理学方面的知识较少，因此在留意心理学科普时发现了奶舅。

奶舅非常可靠！他长期进行幼儿发展追踪研究，每年展示报告，日常的专栏中会提出具体场景问题，与大家讨论解决方法。

希望家长在阅读本书后能灵活运用所学，和自己的天使宝宝共同成长！

@新西兰冷百科孙小社：海外养育者

人生中有一门学问的学习和考试是同时进行的，那就是育儿。对于主修这门学问的父母来说，考试成绩一旦出炉，就没有重修再读的机会了。孩子的童年只有一次，父母陪伴、教育孩子的机会也只有一次。

因此，父母在孩子长大后总会或多或少地感到遗憾："如果当时……可惜……"奶舅和他的育儿研究成果，为广大父母在面对育儿这门考试时提供了预习宝典，让父母更好地应对两代人的人生大考，减少养育遗憾。

@_鲁且愚：幼儿教师

在第一次看到奶舅微博的时候，唯一想法就是"我早干什么去了？"虽然从孩子出生就开始关注各种大V，但是面对纷杂的育儿知识，焦虑和迷茫一直跟随着我。

奶舅的文章内容丰富多彩，不但有奶舅团队的追踪研究成果和文献评述，让“新手妈妈”可以站在巨人肩膀上眺望，还有针对某个育儿难点的讨论，为我们在面对自己“独特”的孩子时，提供了理论之外值得尝试的方法（包括育儿路上必备的心灵鸡汤），便于父母们厘清大量的育儿信息。

作为幼教从业者，奶舅的案例和研究也为我的工作带来了不小的帮助。有用、点赞、比心，三连。

@ Azure-f：托育中心教师

我和我的小伙伴一起开办了一个家庭式的托育中心，服务的对象是三岁以内的小朋友，刚好和奶舅的主要研究对象是一致的。关于三岁以内这个年龄段小朋友的生活、心理、教育方面，不管是系统性的教科书还是日常的科普读物，都是比较少的。

奶舅日常分享的科普知识，尤其是“奶舅被迫营业”这个栏目，简直是滋养我们托育中心的养分，让我们接触到很多专业的知识，在日常与小朋友们相处时能更好地理解小朋友的行为，更有针对性地去引导小朋友。同时，也有助于我们更好地运用专业知识，与家长沟通交流，实现家园共育。

@ 佛心蛊：幼儿发展爱好者

关注和分享奶舅的幼儿发展知识，是对我个人成长的一次重新认识。

因为我在成长经历中发现，我吃过的很多苦头，其实都源于家庭教育中存在的问题，最后这些问题又会反馈在我在遇事时的情绪和选择上，从很深层的意识上影响我的思维。

举两个最简单的例子：幼年时经常被打的孩子，也会用暴力的方式去处理亲密关系。父母无心的欺骗，有时只是想摆脱被孩子烦恼的困境，但是孩子可能以后就会习得说谎，不信任父母，逃避责任，并会因此遭到惩罚。

克服这些问题需要消耗大量的力气。虽然每个人都不是完美的，但我还是希望，能有更多孩子和父母看到奶舅的学术和科普工作成果，少走弯路。不要等到孩子长大成人才意识到伤害留下的东西，这可是需要耗费更多的时间和经历来弥补、纠偏。

@ 梁入文 _Ruwen：幼儿文献研究中心青年研究员、教育学博士

《孩子的一生早注定：跟奶舅学幼儿习惯养成》一书的作者站在行为决策的视角，将儿童心理发展理论通俗易懂地“翻译”给了养育者们。

要想做一名理论与实践之间的“译者”绝非易事，需要具备深厚的研究基础、丰富的育儿经验、扎实的写作能力、生命的关怀与爱，缺了哪样都讲不好育儿的艺术。

作为奶舅吴斌科普团队的一员，我由衷地祝贺本书顺利出版！在养育幼儿过程中，为何常常只见女性忙碌的身影？奶舅的科普工作无疑也在击破传统性别刻板印象，为育儿领域增添了男性的声音，召唤和影响更多的父亲关注幼儿习惯养成。希望养育者们在阅读本书时，既能瞥见自己的影子，也能看到新的光亮。

@ Heiplanet：幼儿文献研究中心青年研究员、语言学博士

语言学习是养育者们颇为关心的问题之一。如果在生活中仔细观察就会发现，即使是相似的家庭环境，独生子女的语言学习过程和多子女家庭的孩子并不一样。主要养育者是父母还是祖父母，也是不一样的。

在多种因素的影响下，养育者不同的行为决策会给孩子语言学习带来巨大的影响。这也是在有些朋友问我孩子是不是语言发展太慢等问题时，我通常很难给出回答的原因。

我想对想要解决这些问题和不想让这些问题发生的朋友们说，让我们从第一步开始学习吧！学习幼儿语言发展的过程，了解养育者在幼儿的语言学习阶段需要做什么。而这些，你都能从这本书中找到答案。

最重要的是，语言学习并不是一项需要达到满分才能通关的任务。通过这本书，你能找到完成这项任务的提示，建立信心。

后记

本书的出版得到了很多人的帮助，特别感谢编辑老师、我的团队、粉丝们。还要感谢我的小外甥，他的出现让我的研究方向发生了微调，开辟了一个全新的研究领域——幼儿行为发展追踪研究。我也希望我们的研究能够让更多人从中受益，更加准确地理解幼儿的世界。

借此机会，我还想和阅读此书受到鼓舞和启发的研究者以及原创作者们聊一聊。

研究者坚持做科普是很难的事情，原创作者持续输出更是难上加难，但研究者和原创作者做科普，需要持续高质量的内容产出才能形成影响力。

这些年来，我观察到了一个这样的现象：很多优秀的原创作者在持续产出了一年多后就逐渐沉寂了。在做个人微博的过程中，我有机会结识了很多优秀的原创作者，但真正能持续高质量产出的人寥寥无几。

在与他们交流的过程中，发现了他们身上存在着一些共同的特点——自信且高要求。他们会为了持续产出而逼迫自己熬夜，甚至会因此导致持续失眠，当作息规律被打破、身体状态越来越差又没有其他人才补入时，内容质量就会出现下滑，读者和观众会对其内容提出质疑和否定，从而使得他们陷入恶性循环。

2019年，六一儿童节前一天，我在微博发布了12万字的内容——国内首份幼儿发展报告《可改变的人们》。这条博文很快获得了700多万的阅读量，近万人次转发。

从那时起，我意识到必须要为自己设置一个可持续的原创内容产出机制。于是，在2019年年底，我在微博上开设了“奶舅新书专栏”，和我的微博粉丝一起分析幼儿案例，共同记录我们的成长和进步。再次感谢七位“奶舅新书专栏”编辑。

除了有效的产出机制外，科普还需要紧跟时代变化。

值得注意的是，研究者做科学传播最忌讳居高临下式的科普。原因有二:（1）大众接受专业知识的方式变得多种多样，很抵触命令式的科普;（2）居高临下式的科普并不能真正了解大众对于专业知识的需求，只有知己知彼，才能把专业科学知识普及给真正有需要的人。

这也是我做“奶舅新书专栏”的初心。“奶舅新书专栏”让我和粉丝朋友们建立起了彼此信任且沟通顺畅的渠道，让我及时了解幼儿家长的养育困惑和问题，我又在解析困惑中不断鞭策自己，让自己的学术研究能真正指导养育者们在生活中解决实际遇到的问题，而不是在“空中楼阁”里自我感动。

我也将致力于为国家储备更多既有专业知识又有实践经验的幼儿领域后备人才，促进国内幼儿发展事业良性可持续发展，为我们的下一代营造更好、更科学的成长环境。